知识变现

解决方案

江中原　著

金城出版社
GOLD WALL PRESS
中国 · 北京

图书在版编目（CIP）数据

知识变现解决方案 / 江中原著. —北京 ：金城出版社，2019.1
ISBN 978-7-5155-1777-3

Ⅰ. ①知… Ⅱ. ①江… Ⅲ. ①知识经济 Ⅳ. ①F062.3

中国版本图书馆CIP数据核字(2018)第272726号

知识变现解决方案

作　　者　江中原
责任编辑　岳　伟
开　　本　880毫米×1230毫米　1/32
印　　张　8.5
字　　数　175千字
版　　次　2019年1月第1版
印　　次　2019年1月第1次印刷
印　　刷　三河市百盛印装有限公司
书　　号　ISBN 978-7-5155-1777-3
定　　价　49.80元

出版发行　**金城出版社**　北京市朝阳区利泽东二路3号　邮编：100102
发 行 部　（010）84254364
编 辑 部　（010）64391966
总 编 室　（010）64228516
网　　址　http://www.jccb.com.cn
电子邮箱　jinchengchuban@163.com
法律顾问　北京市安理律师事务所 18911105819

前言

王思聪30岁生日那天，在微博力推有奖直播竞答游戏“冲顶大会”。参与者只要跟着主持人答对12道题，就可以与其他通关者平分所有奖金。随后，很多直播平台纷纷推出在线答题平台。互联网大佬周鸿祎、张一鸣也纷纷投注奖金，将有奖直播竞答游戏推向了高峰。这不得不让人赞叹：知识就是金钱！

知识逐渐被人们推向一个新的商业平台，知识变现时代来临了。在这个时代，只要你有一技之长，有优质内容，就有可能将它变为金钱。

知乎Live、在行、得到、豆瓣时间、喜马拉雅FM、网易云课堂等，各大知识付费平台层出不穷，为更多的知识创业者提供了便利。

在这里，有一个我们不得不提的知识变现成功案例，那就是“简七理财”。创始人简七是一个80后女孩，仅用10个月时间就通过知识付费变现近1000万元。我们来具体剖析一下“简七理财”的知识变现模式。

自媒体“简七理财”创建于2013年，与大多数财经自媒体不一样，它不做产品推荐，不打广告，只专注于财经知识分享。

2017年1月，“简七理财”被胡润百富榜评为2017中国最具影响力财经自媒体50强。5月，创始人简七前往美国奥马哈参加2017年巴菲特股东大会。

2016年11月，“简七理财”在网易云课堂推出了398元的课程“跟简七学理财”，短时间内有超过1万人付费购买，营收超过400万元。2017年3月，简七团队与“十点读书”合作，推出了理财轻课程“听简七说理财——给小白的极简理财课”，共有22个不同主题的音频和讲义，定价69元。该课程在“十点课堂”售卖，截至2017年9月，有58630人购买，营收超过400万元。换句话说，从2016年11月至2017年9月，“简七理财”的两个知识课程销售额近1000万元，商业变现能力非常强大。

为什么“简七理财”拥有如此高的变现能力？具体分析如下。

1. 寻找用户痛点：立志打造小白理财互助社区

“简七理财”的创始人简七原名叫唐晓晶，一个1986年出生的女孩，毕业于西南财经大学，曾任德勤会计师事务所审计、税务咨询顾问及某家全球500强企业税务经理，可以说是一个非常多才的“斜杠青年”。

在工作中，简七发现身边很多朋友和同事辛苦工作却缺乏基本的金融理财知识，仅专注于工资薪水。于是她在公司内部成立了员工理财团，通过理财讲座帮助同事实现更好的人生规划，提升个人幸福指数。随后，简七利用业余时间用简单有趣的方式创作关于个人理财的科普内容，立志打造最有爱的小白理财互助社区，这也成了她做知识付费的一个初衷。

2014年4月，简七辞去工作，与团队成员全身心投入“简七理财”的创业之旅。他们从QQ群、网站开始，开发建立了属于自己的App，并且推出了各种活动，如每天财经早新闻播报、每周专家讲座、每月主题活动等。他们开发的电台、电子书、课程很受欢迎，微信粉丝数也在不断增长。后来，简七还成为“蚂蚁聚宝”特聘的独家“有财教练”、网易云课堂明星讲师等。

可以说，简七找到了用户缺乏理财知识这个痛点，然后本着真心真意为用户着想的初衷和态度去做知识付费，整个运营都以用户为本，这样的出发点已经注定“简七理财”会成为一个很好的项目。

2. 打造优质内容：生产的内容对市场有价值

当然，“简七理财”也遭遇到了一些问题和瓶颈。最终简七意识到做知识付费光靠情怀是不够的，最重要的是内容一定要优质。只有生产的内容对市场有价值，市场才会为之埋单。所以，“简七理财”将大部分精力都投放在了如何输出更优质的理财内容上面。

“简七理财”有一个强大的知识团队，团队成员绝大部分是财经专业出身，有着较强的专业知识沉淀。“简七理财”内部有完整的学习规划体系和专业度要求。每篇内容至少经过三个层级的审核，才会被推送到用户面前。在整个内容创作过程中，每位作者都需要查询大量的数据、资料，涉及较深专业知识的时候，还会寻找各个领域内的资深老师，获取专业的意见。

通过上述运营，可以保证“简七理财”内容的专业度。无论是团队分工还是合作，“简七理财”的出发点都是给用户提供更专业、有料、有趣的内容，让理财更简单，让人生更自由。

3. 学会引流：多方分享理财知识，与用户互动做大流量

“简七理财”意识到想要在付费的道路上取得成功，必须做足引流工作。“简七理财”在各大平台、论坛，包括微博、微信朋友圈、豆瓣小组等进行理财知识分享。团队始终坚持与用户互动，解决的都是大家生活中会遇到的和颇为关心的理财问题。这种做法非常有效，渐渐积累了一定量的种子粉丝。“简七理财”的粉丝也就是在这样的过程中慢慢积累起来的。

“简七理财”还号召用户一起分享自己的理财小技巧。在粉丝中发现了不少理财小达人，简七会邀请这些达人一起参与制作知识付费课程。

为了引流，“简七理财”还通过撰写原创文章来吸引用户。例如，“简七理财”编撰的《欢乐颂里，每个人处在什么社会阶层？》《支付宝限20万？机智如我，轻松绕过！》等热门文章，

阅读量均在“10W+”以上。

4. 变现商业模式：在各大平台推出付费课程

“简七理财”的变现商业模式是在各大平台推出付费课程。自理财课程在网易云课堂上线后，反响极好，很快成为明星课程。后来与“十点读书”合作，推出了极简理财课，上线三天销售就突破一万份。这些课程涉及信用卡知识、升职加薪、P2P投资、商业保险和资产配置等内容，相当吸引人。

此外，“简七理财”还助力一些大型机构用户制作科普内容，比如成为“蚂蚁聚宝”特聘的独家“有财教练”，借助这些大型机构的宣传能力，将更专业的内容持续带给更多的用户。

可以说，“简七理财”是自媒体领域知识变现的标杆，其做法也是顺应知识付费的大势。只要你有优质的知识体系，掌握了变现实战技巧，就可以和“简七理财”一样，在知识红利期，快速抓住机遇，最终实现商业价值。

目录

知识付费的本质是将知识变为产品，让用户付费购买，形成知识商业模式。那么，用户为什么会为知识付费？什么样的知识才是用户愿意付费的？知识创业者应该具备怎样的优势？核心竞争力在哪里？知识付费平台都有哪些？如果你没有特定的知识内容，就要学会整合资源，这些都是依靠知识创业的基础和关键问题。

很多付费知识只是披着“知识”的外衣进行敛财，做粉丝经济。这些知识不够深度、不够专业，没有形成垂直领域的探索，因此无法称得上是优质内容。长此以往，导致的结果是被用户和市场淘汰。做知识付费，必须要以优质内容为支撑，内容也是知识付费的最大卖点。本章将教会你如何做让用户上瘾的内容。

第三章 传播载体：用最人性化的形式转化知识 / 067

知识付费时代，只要你有优质内容，就可以实现知识创业。当然，你还需要选择最合适的载体将其呈现出来，这是关键问题。知识付费的传播载体有音频载体、视频载体、直播载体、图文载体等，不同的载体有着不同的优缺点，你需要根据自己的产品特点选择最人性化的传播形式。

第四章 平台渠道：搭建适合自己的知识电商平台 / 091

一个小白想要通过知识变现来创业，最关键的一点就是选择正确的平台渠道。当下知识付费平台有很多，以知乎、得到、在行、喜马拉雅 FM 等为代表的平台吸引了众多人的关注。这些平台有其优势，但也会从你的盈利中抽取分成。因此，搭建适合自己的知识电商平台就成了主流趋势。

第五章　流量为王：流量才是知识付费的命脉 / 133

但凡涉及互联网的商业模式，都需要流量，因为流量就是市场，而无流量的产品很快就会淹没在市场中。所谓流量为王，在知识付费时代，流量也成了知识付费的命脉。想要万人点击、百万订阅，需要从流量自身的价值说起，定位、分析、借流、做出差异、合作、爆文写作等一个不能少，从而实现知识付费产品的引流工作。

第六章　用户运营：变现永远属于用心做事的人 / 167

任何模式下的运营，都应该以用户为中心，正所谓抓住了用户就等于抓住了市场。因此，想要在知识付费市场立足，也必须要以用户为主。知识付费运营必须要本着用户的目的、需求、体验来做，围绕这几点，在细节上做到位，永远真心为用户着想，这样你的知识付费体系才会有价值，才能获得用户的支持和青睐。有了用户的支持，你的知识付费体系就会形成品牌，为进一步变现打下基础。

知识的定义很广泛，包括专业知识、技能、生活经验等，并且不限于文字、图片、音频、视频等形式，具有很高的传播价值。知识经济时代，需要将知识包装成为产品，通过商业手段进行推销，实现最大程度的盈利变现。这就需要每一位创业者了解知识付费的商业模式。本章从多维度剖析知识变现的商业模式，并提出变现实战解决方案。

知识付费浪潮席卷而来，如何打造爆款知识产品，成为众多创业者头疼的问题。犹如淘宝电商，想要杀出重围，必须要有一个爆款打响电商市场。在知识付费领域，如果你有了好的内容，可以考虑从需求痛点、极简化产品、权威背书和圈层等四方面来打造一款知识爆款，以便快速打响，占据头部市场。

第一章

知识付费：你用才华变现，他为知识埋单

知识付费的本质是将知识变为产品，让用户付费购买，形成知识商业模式。那么，用户为什么会为知识付费？什么样的知识才是用户愿意付费的？知识创业者应该具备怎样的优势？核心竞争力在哪里？知识付费平台都有哪些？如果你没有特定的知识内容，就要学会整合资源，这些都是依靠知识创业的基础和关键问题。

知识付费的本质是把知识变为产品

搜狗百科中对知识付费的定义是这样的：知识付费的本质，就是把知识变成产品或服务，以实现商业价值。知识付费有利于人们高效筛选信息，付费的同时也激励优质内容的生产。

如今越来越多的人通过知识付费渠道来变现，很显然，知识变现又开拓了一个新的时代。

知识付费为什么会如此大热？

“知识就是财富”这只是一句格言，但是在今天这句格言成了直接事实。

随着互联网技术的飞速发展，以及人们对知识的付费意愿和消费观念的转变，拥有知识已不再仅仅是被描述为学富五车或满腹经纶，而是财富的源泉。

2016年5月15日，付费语音问答平台——“分答”（2018年已改为“在行一点”）上线。通过这一平台，我们可以快速地找到能给自己提供帮助的那个人，对方一分钟就能为我们答疑解惑。一时间，很多名人和各领域的专家都加入分答付费问答模式。

随后，罗辑思维创始人罗振宇也加入了问答付费的行列，打造了“得到”App。与此同时，知乎也上线知乎Live，等等。

进入2018年，知识付费的趋势并未减退，豆瓣、微信等各大App都加入了知识付费的行业。在注意力和优质内容越来越成为稀缺品的时代，这些敏感的机构和个人仿佛嗅到了远处传来的风信，准备拎着知识迎风而起。

我们以财经专家吴晓波为例，看一下他是如何把知识变成产品来实现变现的。

看你的知识是不是适合用来培训

吴晓波曾在一次演讲中提到："把知识变为产品卖给读者的模式主要有两个，一个是书籍，另一个是培训。"

其中，培训十分重要，也更符合当前互联网发展模式。谈到培训，或许我们都不陌生，吴晓波认为它是一种有组织的知识传递行为。在我们对某个领域的认知比较少的时候，我们除了自学，就是去接受培训。

在内容创业领域里，想要达到能够给用户进行培训的程度，估计要等到用户自己提出这个需求。当然，吴晓波认为，想要做到这一点，需要具备一个条件，那就是看你的内容产品是否适合用来培训。

像吴晓波的内容产品，就适合用来进行培训，因为他拥有自己的知识系统。俞敏洪都非常欣赏吴晓波的作品。在财经专家中，吴晓波独树一帜，有自己独特的思想体系和格局观。这样的知识内容一定很考究，而且值得仔细研究，所以他的经济观点就非常适合做培训。换句话说，吴晓波的经济观点不会有水分，不会长篇大论、不知所云，而是就事论事，根据经验和专业理念，提出自己独特的观点。这样的知识就是优质内容，是经得起考究，经得起琢磨和运用的。

反观很多自诩为专家的人，有些人的知识和观点就未必适合作为培训内容。因为很多自媒体专家往往在内容写作的道路上，写着写着就迷路了。这些人往往只会根据热点事件去写文章，只顾着自己写得爽，通篇写得洋洋洒洒，而没有真正沉下心来，去探索某个事件的深层内容。更没有站在用户角度去思考什么是大家所需要的。因此，不管写了多少热门文章，到底也无法形成自己的内容系统。

知识付费的培训模式是与用户的关系更近一层

知识付费想要做培训内容，就应该与用户关系更近一层。因为用户的赞赏与订阅行为直接关系着知识产品本身。

如果你是一名知识产出者，你给用户进行知识或者内容培训，主要目的是什么？你能思考到这一层的关系吗？

真正的目的包括两方面。一方面，让我们的内容产品因此获得收入（基本）；另一方面则是加深我们与用户之间的交流（深度）。

对于用户来讲，他们还可以从知识培训中，获得更多的认知与成长。前提是我们传递给用户的内容，必须要经过自己的实践和具备一定的实用性。否则，光是理论的培训，跟用户自己去阅读一本教科书没有太大差别，也就没有太大价值。

知识付费通过培训的模式，对内容进行包装与销售，似乎有跨界的感觉。因此，这种模式的实现，要求我们知识产出者必须具备多方面的能力，比如授课的能力、知识思想体系总结的能力、知识分辨能力等。只有这样你的知识才能成为一个有价值的产品，才可以让更多用户购买。

知识产品包装

在知识付费时代，用户购买的不是知识，而是经过包装的知识产品，是经过包装的知识服务。

那么知识的包装有什么形式呢？主要有三种形式：媒体、内容、教育。

我们以“局座”张召忠为例。张召忠是著名的军事战略专家，央视评论员。然而在网上，他有一个新的身份，即所谓的“国防战略忽悠局局长”，退休以后，变成了广大“90后”，甚至“00后”粉丝追捧的“局座”。他用最强的娱乐精神做他想做的军事知识普及，这也让他变成网上的“知识网红”。

“局座”的方式就是把自己的军事知识包装成为娱乐产品，用媒体的方式包装内容，将内容教育化，用幽默、搞笑、娱乐的方式输送军事科技的内容，让更多的网民参与并且付费购买。这是一个良好的知识产品包装行为。

知识付费的本质就是把知识包装成产品或者服务，给用户带去需求上的供应，做到这一点你的知识付费就实现了闭环交易，就可以持续为你带来更多、更长久的收入。

为什么人们会为知识付费

随着互联网时代的发展，人们越来越需要知识付费。换句话说，知识付费“被人们需要”。只要对知识的欲望仍在，这个市场就永远不会消失。

为什么人们会为知识付费？

物理需求

首先从人们的生活外在来看，主要有三个方面（物理需求）。

第一，时间成本。

市场产品越来越多，人们的选择也更多，用户决策就会出现“瘫痪”状态，甚至出现选择困难症等。这种现象会直接导致用户浪费时间，增加时间成本。为了解决这一点，人们更愿意通过付费来代替个人搜寻选择，这使知识付费成为一种可能和需求。

第二，金钱成本。

很多人在过去想要学习知识，需要去现场听课，很多培训课程收费不但贵得离谱，而且还需要用户买机票亲自前往培训地点上课。不但增加时间成本，更重要的是增加金钱成本。

现在我们只需要在一些知识付费的App上，如“得到”App就可以获取许多音频、视频的干货培训、笔记等。用户学习课程不用到现场，也不用订机票、酒店出差奔波，这就大大降低了人们学习的金钱成本。

第三，社交货币。

通过知识经济时代的发展来看，知识越来越成为一种社交货币。

如今是一个社交圈层社会，你需要在圈子里有话语权，哪怕是交谈的资格。如果你内心没有一点“内容”或者知识支撑，你的社交能力和社交气场就会变得很弱。例如，你没有看过《头号玩家》这部科幻电影，但是你看过《头号玩家》的影评，你就可以在有这部电影的谈话社交场景中把握住话语权。

此外，知识正在逐渐成为阶级的分水岭。就目前来说，知识付费仍然是奢侈品。以人文社科内容为主要原材料的知识付费，显然有着“高端”的气息，至少是“厉害的东西”的代言品。人们必须拥有它们，而知识付费也在竭力让人们感到必须拥有它们，不仅你要拥有它，你的朋友也要拥有它。无数知识付费产品的社群也在同时运行。

它可以联系你和你认识的、不认识的人，它是话题，也是圈子的象征，并且，它正在靠近阶级的象征。

对于付费知识产品来说，社交货币也意味着产品有人格的背书，有和别人交流的谈资。用户愿意为内容埋单，内容实际有效与否并不重要，重要的是很多成功人士，如马云、柳传志推荐了，你看了就会有成功人士的感觉，你和别人聊天就会有话题。这就是社交需求。

结果导向决定了知识付费的存在

知识付费的出现是一种必然现象，为什么如此说？因为人们的生活越来越简约化，越来越智能化，所以对知识的需求也就变得更加急切，人们不再愿意为了某个知识而花费时间去“打捞”。以前人们获取知识，需要自己下海打捞，如今知识产出方可以为用户直接打捞出来，甚至直接烹饪好，让用户直接“吃”。

所以，我们完全不意外用户为知识产品埋单。这就是结果导向决定了知识付费的可行性和存在性。

拯救知识焦虑

2017年2月，国家信息中心分享经济研究中心发布的《中国分享经济发展报告2017》提出，我国当前知识分享市场已初具规模。初步估算，2016年知识领域市场交易额约为610亿元，同比增长205%，使用人数约3亿人。而在2014年，艾瑞咨询发布的数据曾显示有69.7%网民不愿意为互联网内容付费。相关互联网分析师表示，更多人关注付费内容平台，反映当下社会普遍存在的知识焦虑。

越来越多的用户期待社会有更强的知识流动性，给更多人足够的上升空间。消费观念升级以及人们对提升自身的迫切需要是知识付费快速发展的主要原因。

在知识分享模式下，喜马拉雅FM、分答、知乎Live、豆瓣、创客匠人等付费内容产品也陆续上市，越来越多人愿意选择花钱与大师们“亲密接触”，获取更深奥、更体现个人层次和格局的知识产品。

此外，移动支付渐渐改善了人们的消费习惯，借助手机作为媒介工具，人们在“狂轰乱炸”的知识海洋中有了很多选择。更多精准、个性的定制化知识也越来越能满足当前用户的诉求。

如果没有知识付费，所有的知识创造将不存在

2017年，《新华字典》出了App，而且这个App是要收费的。换句话说，你想要在《新华字典》App中查字，需要付费。这是为什么？人们会为此付费吗？

商务印书馆总经理、历史学博士于殿利对此做出了解释。

于殿利认为，现代的年轻人要有现代的观念，对知识付费是对知识和知识创造者应有的尊重，如果没有知识付费，所有的知识创造将不存在。

付费不仅仅是为了尊重制造知识的人，更为了打击打着免费旗帜，缔造不可靠知识的流量行为。很多免费提供的知识很不可靠。有些免费知识告诉你如何写作，如何进行学术研究，如果用户真的按照这些方式进行，恐怕会事与愿违。

免费的知识获取，提供方基本都是大流量平台，它靠免费提供给用户知识，增加自身流量，而这些知识往往不能保证其科学性、严谨性。在这个地方，它牺牲了部分商业利益，进而赚取大量的广告费。换句话说，它以互联网经济的方式在摧毁整个的知识和文化的创造。这不是用户真正想要看到的结果，也不是知识发展的趋势。因此，为知识付费可以让知识发展的渠道更加洁净，输出的内容也更加优质。

用知识付费模式打造个人优质IP

互联网时代的今天，我们可以听到很多热词，如“知识变现”“网红”，可以说人人都是自媒体。俗话说，打铁还需自身硬，当你足够优秀，你的知识才能驾驭一切；才华和能力匹配，就可以为你打开获取物质报酬的通道。在IP火热的现代，你有知识和才能，就可以通过知识付费的模式打造个人优质IP，让自己成为“明星”。

当前我们生活在一个以指数级速度发展的世界，新兴产品和公司不断颠覆行业巨头。其背后的思维模式是线性思维到指数型思维的转变。

指数型思维具有如下特点，见图1–1。

图1-1 指数型思维的特点

知识付费的发展，也蕴含着这层逻辑。

知识付费模式下的IP必须具备使命感

做一个IP就如同一个品牌一样，必须要有一个崇高而热切的目标，其实就是使命感。如果你做IP时没有目标，没有使命感，这个IP就不是优质的，也不会长久。

优衣库董事长柳井正在《经营者养成笔记》这本书中指出：一个公司最伟大的能力就是解决了社会某个方面的矛盾。优衣库解决的是衣服质量和价格的矛盾，在一定程度上实现了人们常说的“物美价廉”。

苹果公司也是如此。在苹果之前，诺基亚和黑莓等智能手机都是全键盘的。每个人都希望自己的手机功能足够全面，但操作足够简单。乔布斯提出，要做到极致，必须只有一个键。于是，苹果率先推出了只有一个Home键的智能手机。这不但让苹果成为全球最火的手机品牌，而且也让全球的用户对苹果有了一个认同感。

那么在知识付费模式下，打造一个知识IP的使命感是什么呢？例如你要建立一个付费读书会，你的使命感是什么。

在当前社会中，很多年轻人只是买书，却不看书，这就是一个很大的社会矛盾。

如果你要做一个读书会的知识付费IP，就必须要想办法解决这个矛盾，实现这个使命。有了知识付费，你会发现，你能买到各种各样好的知识，不光是“得到”“喜马拉雅”，你甚至只需要花90块钱，就能买到北大最好的哲学课，再也没人能限制你的学习。

反过来说，你可以给用户提供最优质的内容，收取合理的费用，并且时刻活跃在共享经济平台，那么你就是优质的知识IP。

通过互相组队的方式来提高自己的影响力

随着百度付费问答等社区的崛起，知识付费成为市场的新宠，各个领域的知识IP开始崛起。知识IP也会逐渐成为大趋势，为什么？因为只有知识才能让每一个职场人获得生存发展能力。当你进入职场，其实就已经进入了一种排名的状态，促使你对成功有强烈的追求和渴望，想要做出点成绩出来，更不想比别人差。除此，你还会想实现自己的人生价值。而要实现这些，自身努力是一方面，再就是学习，必须不断学习。所以，知识IP在这个时代永远不会落寞。

既然人们对知识有如此需求，想要成为知识IP的人也会很多，如何打造自己的影响力呢？这是最关键的问题。下面我们介绍一种方法，那就是“组团”方式。通过互相组队的方式来提高自己的影响力。

例如马东的米果团队。

马东将《奇葩说》的知名辩手马薇薇、邱晨、黄执中、胡渐彪、周玄毅等人组成一个小团队，米果团队，一起输出课程。

米果团队在喜马拉雅已上线“好好说话”“小学问”以及“蔡康永的情商课”等付费课程。授课老师皆是来自这个团队的成员，其中“好好说话”销售额超过4000万。

用一张图来表示这种方式（图1-2）：

图1-2 马东米果团队“好好说话”的模式图

很显然，米果团队已经成为知名IP，团队内的成员也都是优质的知识IP。这种多IP协作的模式类似于韩国的明星养成计划，一次性扶持多位明星，在降低风险的同时还可以集合所有参与者的影响力，共同实现巨大盈利。

因此，当个人能力有限时，想要成为IP，需要抱团取暖，共同缔造影响力，这种方式有效且风险较低。

专注一个知识点的IP

如果你不想组团，也可以单飞，但是单飞的IP需要的条件比较深厚。你必须要有一项独特的技能，并且懂得运用各种知识付费的平台和方式来传播。换句话说，有实力＋合适的平台＋有力的宣传＝优质知识IP。

例如秋叶（张志）打造的秋叶PPT，已经成了一个知名的知识IP。这类知识IP需要做到以下两点。

（1）持续的专业积累

这不仅可以持续增强你的势能，而且不容易过气。像靠先天资本的那些网红们，虽然会获得短暂的名气，但是时效性很低，人们的视觉新鲜感过了之后，他们很容易过气。

而具备专业技能的积累，只要市场存在这样的需求，就不会过时，你满足的不是用户的新鲜感，而是解决他的痛点。所以不会被轻易淘汰。

（2）选择专注的面

秋叶PPT告诉你，想要成为一个知识IP，你需要有两个选择。

第一，选择一个受众面大、竞争大的领域。这样做风险也极大，比如PPT，这个领域虽然足够大，但竞争同样大，网上PPT培训师，一搜一大把。要想干掉他们，必须有过人的本领。

第二，选择一个受众相对较小（竞争就比较小）的领域，迅速做大做强，用这个领域的闯关经验及资源迁移到更大的受众领域，做更大的市场。这样不至于很容易被干掉，因为，不管是经验还是资源，你都是有积累的。

秋叶采用的就是第二个决策。前期在“项目管理”领域迅速做大，积累经验、资源，后期切入到PPT大市场，通过图书进行卡位，销量50多万册，在微博、微信上迅速积累了大量粉丝，进行深度运营、转化。

这里需要注意的是：不管在哪个平台卡位，你都必须要有爆款。

没有爆款，你就不会有影响力。所以在知识IP缔造的前期，对于爆款的打造及定爆、测爆、引爆要多些思考，大胆试错，最终一定会找到自己的爆款，形成IP影响力。

小白是怎样实现用原创知识赚钱的

随着互联网的深度发展，知识经济已经到来，即便你没有漂亮的脸蛋，没有婀娜的身材，没有时尚的造型，也可以成为“网红”，这就是“知识网红”。没错，你可以把自己内在掌握的知识、价值输出，用户通过付费来获得你的知识。

几年前，网络小说盛行，为内容而付费就已经开始流行了。网络作家写的小说，前半部分内容免费，中间开始“入V”，也就是只有VIP才可以看。这就是内容付费的初级表现形式。

如今，知识付费模式已经十分广泛，并且发展迅猛，“卖”

知识的主体越来越“平民化”，门槛也越来越低。过去卖知识只能是高学历的专家，但是现在，名人可以，专家可以，哪怕是小白也可以。

只要你拥有一门手艺，或是在某个领域有深入或是独到的知识见解和经验，你都可以借助付费平台来输出自己的知识。作为从零开始的小白（知识零售商），应该如何依靠知识付费赚钱呢？

依托各大平台做内容输出

我们以今日头条为例，分析一下其中的方法。

今日头条是基于个性化推荐引擎技术，根据每个用户的兴趣、位置等多个维度进行个性化推荐的App应用平台。用户在今日头条可以找到关于音乐、电影、视频、购物、时政等一切的热点资讯和喜爱的内容。

随着付费模式的到来，今日头条也逐渐成了知识付费、流量赚钱的重要平台，我们用思维导图的方式来看一下，今日头条的赚钱模式（图1-3）。

在思维导图中，我们很清晰地看到用户在今日头条上面如何实现赚钱：

（1）头条极速版：通过看文章，分享文章、邀请好友，都能赚钱。

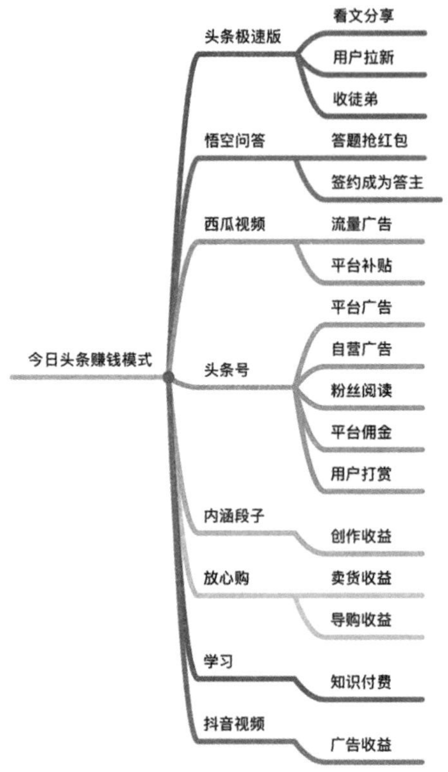

图1-3 今日头条赚钱模式

（2）悟空问答：通过成为答主，获得答题红包。

（3）西瓜视频：通过播放量和广告量赚钱。

（4）头条号：通过头条号发表文章，只要你的文章够火，就能够获得更多的粉丝收益。

（5）头条电商：开通了“放心购”，你可以直接入住，卖货赚钱，因为有近10亿的用户以及日均平台存留70分钟的数据，所以流量比淘宝更有优势。

（6）头条知识分享：今日头条还开通了“学习”App，一个专注知识付费分享的平台。有一定专业知识的人，可以通过今日头条来做知识价值输出，用微课程的形式获得利润。

（7）内涵段子：上传段子内容，可以获得相应的内容佣金。

（8）抖音视频：通过广告流量获得收入。

我们以西瓜视频的赚钱方式为例。打开今日头条的App，然后点击西瓜视频，寻找你所喜欢的视频。例如我们找到一个学英语的视频（见图1–4）。这个视频的标题是“不怕英语学不会，史上最强英语学习方法，15天提高你的英语水平”。

图1-4　今日头条西瓜视频中的英语学习视频

打开之后，有专业老师讲课，详细讲解英语单词的记忆方法。我们仔细观看会发现，在视频的下方会出现这位老师的知识付费信息——“全套英语课程，添加老师微信××××”。

最后，试听课程结束之后，还会在视频中出现该英语培训机构的二维码，用户可以扫码关注，付费收看更详细的课程。

这种方式对应上述思维导图中的“流量广告”来赚钱，同时与知识付费也是相通的。此外，如果该视频在今日头条中播放量很高，还会得到平台的补贴费用。

通过今日头条的案例，我们可以看出，从零开始的小白，可通过入住各大知识付费的平台来实现自己的价值输出。例如问答、在行、小密圈、知乎等平台。

制作线上知识课程

找到了平台之后，就要学会制作线上知识课程。你必须要对自己有一个全面的审视，然后着手制作线上的课程。我们以网课为例：

首先，你需要查看多个网课的领域选项，有选项就能证明用户需要，也就有打造的市场。

通常情况下，网课分为五大类（图1−5）：

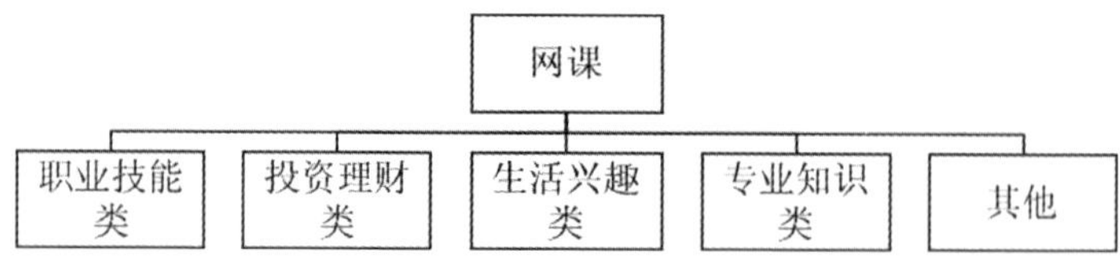

图1-5 网课的五大分类

其中，其他类包括：外语学习、软件编程、写作培训、画画、时间管理……

课程就是知识付费的市场需求，也就意味着会有用户花钱学习，如果你有这些技能知识，就可以开始录制教学视频变现。

例如，我们以录制视频课程为例。如果是一些比较简单的小课程，你可以直接用手机、DV、录像机来录制。如果你不想露脸，就要在PPT课件、排版方面多下功夫。

在这里，推荐几种电脑录制软件：KK录像机、会声会影、爱剪辑、Premiere、Camtasia Studio等。

此外，如果你对该领域的了解并未达到授课水平，那么也没关系。你可以在很多知名平台进行整合，如知乎、简书等，根据整理的汇总资料，然后再发布到其他平台。

引流渠道

选择了平台，学会了录制课程，接下来就是要引流。

小白没有老手那样的名气，没有流水的钱去砸广告。下面是几种比较实用的小白引流渠道（图1–6）：

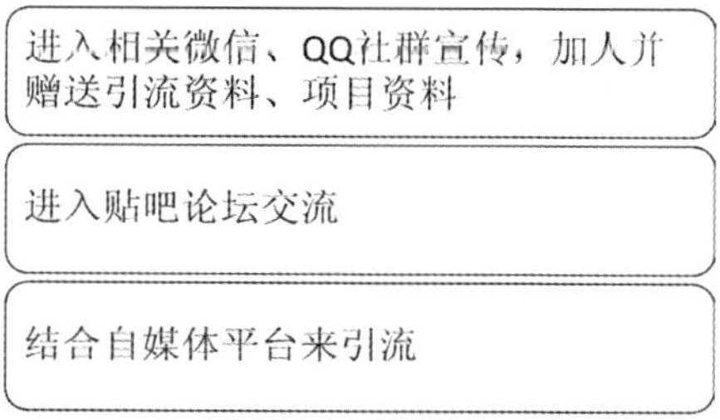

进入相关微信、QQ社群宣传，加人并赠送引流资料、项目资料
进入贴吧论坛交流
结合自媒体平台来引流

图1-6 小白常见的引流渠道

在这里，要重点说一下后面两个方法。首先是进入贴吧论坛交流。贴吧、论坛的用户往往比较精准，想要什么就去关注相关的论坛。比如说很多大学生对以后在职场上该怎么规划自己的职业生涯，该学习什么技能非常苦恼。这时候，你就可以通过相对应的论坛去发帖来吸引大学生，然后赠送一些职场修炼、精美PPT制作、英语学习等资料，然后在后期再进行转换。

其次，结合自媒体平台来引流。例如有些音频、视频的课程，我们可以转换成文字或者直接剪辑视频上传到自媒体平台，然后在上面留下自己的联系方式，如果读者对这方面有兴趣，自然会找到你。

最重要的是坚持

例如你想要通过写文章来获得利润，就必须要坚持每天投稿，平台全铺开。前期收益低下，甚至亏损是正常的，如果坚持不下来，知识付费这个蓝海中就永远没有你的份额。

互联网推广的本质就是内容展示，人们可以通过你提供的知识内容找到你。如果你三天打鱼两天晒网，你的知识就算再有技术含量也不会被人发现。

当然了，我们并不建议小白每天写很多稿，然后漫无目的地去投稿。这种没有策略的行为最终很容易导致失败。

我们建议小白每天只写一篇精简且含量高的文章，然后先在自己的微博、公众号发表，然后再同步发布到自媒体等平台。一定要记住在文章后面注明自己的联系方式，如公众号、微博，还要注明“欢迎转载，转载请注明作者名字和联系方式”等字样。

“酒香不怕巷子深”这个道理在互联网同样适用，只要你的文章写得好，就会有很多网站、公众号、微博号帮你转发，你的名气也会慢慢扩散。

因此，坚持下去，经验是在不断实践当中才能积累下来的，只有这样才能有机会从小白变为一个合格的知识创业者。

知识付费是蓝海，但优质内容才是关键

在当前用户对知识的需求市场中，知识付费会成为一大趋势，因此，知识付费就成了一片蓝海。但是这并不表示任何人都可以依靠知识付费模式获取长久的利益，优质内容才是最关键的。

精品内容＋知识付费

对于多数人，知识付费其实是一次简单的“扫盲”行为，意在知识付费产品将各种原理打碎嚼烂后，送到用户的嘴边，可以帮用户解决痛点。同时对于少数要追求卓越的人，要在金字塔上跃迁的人，碎片化知识是能够深化、理解的第一步。

然而，当下的知识付费，我们大多数看到的是披着知识外衣的粉丝经济。如“一个月让你月入十万”“60天让你成为英语达

人”等。这些知识付费内容还会附赠导师点评和社群互动，进了社群还可以拓展人脉。对用户来说，买一送三，仿佛是“物美价廉”的最佳体现。

事实上，这类知识付费颇具功利性，必然会在用户学习了一段时间后产生负面的反馈，并且不容易持久。这类知识也叫硬知识内容，实际上是不适合知识付费模式的。

真正符合当前知识付费模式蓝海的应该是软知识，就是帮助个人综合能力和内在素质提升的知识，比较适合通过知识付费来获得，比如通识类的知识。

所以，想要在知识付费的蓝海中脱颖而出，必须要从内容出发，回归其真正的价值。精品内容就成了用户急需付费的最佳知识选择。

这类的精品内容有（图1—7）：

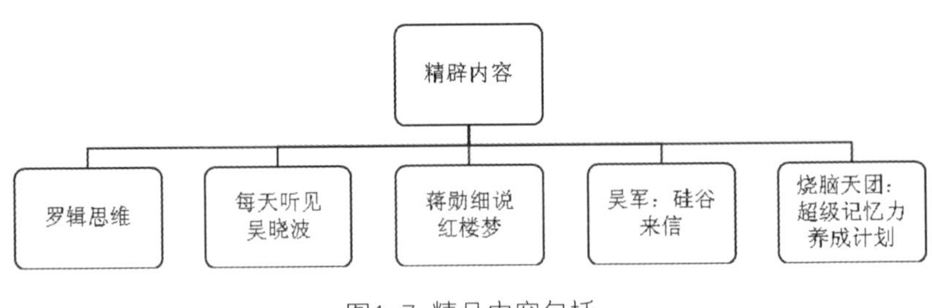

图1-7 精品内容包括

知识服务+知识付费

知识付费的真正价值是要给到用户有价值的信息，以及能够传递这些信息的传授者，用户永远都为专业埋单。围绕这一点进行优质内容的挖掘是知识付费服务的一个重要体现。

当用户发现自己需要更多、更深入的学习时，就会发现：单纯的知识付费产品是不够的，无法让自己完成深度学习。所以我们必须从卖产品演变成卖服务。换句话说，知识产品是单一的，但是知识服务却是多方位的。

不只是让用户买了一个产品就结束了知识付费的环节，还可以通过直播、互动、社群、线上线下结合等新方式进行全方位的综合学习。知识付费产品的运营也不能仅仅依靠某一种运营手段。

在形成知识付费的习惯后，用户会慢慢地沉淀并变成知识付费社群。而知识社群的导向，可以是电商，也可以是线下活动，甚至是广告变现，但收益最高的变现一定是培训，以及社群价值。

因此，在知识付费的蓝海中，未来可以催生出集出版和教育培训为一体的知识服务行业，这样的综合知识付费项目会成为精品内容。

加强优质内容产出能力

想要在知识付费的蓝海中长久获利，必须要把用户和内容放在最重要的位置上。当你的内容和用户的需求相匹配的时候，你就有了内容上的砝码，你的知识产品就会很容易得到用户的长久支持和关注。

例如简七理财，就针对线上用户年轻化、学习时间碎片化的特点，推出了针对零基础学员的极简理财课程。这个内容可以说非常优质，并且符合用户需求。此外在宣传上，简七理财通过和十点读书的合作以及自有渠道资源进行传播。上线4个月就获取了接近4万的付费用户，这一数字还在持续增长之中。

简七理财的成功不是偶然的，是通过长久的尝试得来。一开始，简七理财通过其他渠道推广的课程遇到了几个问题：第一，无法快速找到和自身内容匹配度较高的优质渠道资源；第二，暂时没有更多精力投入与渠道商合作谈判、分佣结算这些具体的事情中，而且行业内还没有一个可参考的分销规则。

后来通过调查用户需求、摸索市场发展规律、进行多种渠道合作等方式解决了两个难题。最终锁定了零基础学员极简理财这个垂直领域，并获得了市场和用户的肯定。

因此，知识付费本质都是对优质内容的需求。而未来优质内容产出能力、对用户沉淀转化能力以及营销推广能力，则是决定知识创业者成功与否的最重要因素。

当用户对你的知识产品接受度较高，特别是当知识产品、平台以及用户需求相匹配的时候，知识创业者往往可以人财两得，既有不错的收益也可以赢得更多的用户。

下面我们看一下，知识付费如何在蓝海中脱颖而出，依靠优质内容立足（图1–8）：

图1-8 跳出蓝海，知识付费依靠立足

依靠这些方法来完成“1＋1＞2”的知识付费价值传递，给我们的知识创业打下基础，用优质的内容为知识付费做好铺垫，未来一定是优质内容产出者的天下。

那些疯狂赚钱的知识付费平台

知识付费模式的出现，增生了一大批知识付费平台。在众多的知识付费平台中，很难说出哪个是最好的哪个是最差的。随着“互联网＋”的不断发展以及在线教育行业逐渐被人们接受，各类知识付费平台产品也逐渐发展壮大了起来。经过了时间的洗涤之后，剩余下来的都是在知识付费行业中的优质平台，如喜马拉雅FM、得到App、分答、罗辑思维、知乎Live、豆瓣时间、小鹅通，等等。

2016年，被称为是知识付费的元年。在这一年，知乎、果壳（在行分答）、喜马拉雅FM、得到及其他知识付费平台相继出现，知识付费的用户迅速增长，知识付费产品也呈现出井喷式增长。

2016年，知识付费的用户暴涨了3倍，知识付费用户达到近5000万人。根据各大知识付费平台的运营状况及果壳网、企鹅智库、极光大数据等多项报告估算，截至2017年3月，用户知识付费（不包括在线教育）可估算的总体经济规模为100亿—150亿元左右。2017年，随着用户需求提升、市场下沉及产业链拓展，这一数字将有望达到300亿—500亿元，知识付费也因此成了新一个“风口”。

我们根据知识付费的发展阶段来看一下知识付费平台的发展。

互联网时期的知识付费起步阶段

随着互联网的发展，知识付费模式逐渐兴起，起步阶段一般指的是2013年至2016年。

2013年到2016年，知识付费产业发生了较大的变化。总体上说有三个原因：移动端内容及移动支付的普及、打赏制度的出现和自媒体的发展。微信公众平台在2013年迅速普及，改变了中国网民的阅读模式。

在这个阶段最重要的平台是罗辑思维。

罗振宇推出的罗辑思维会员制，可以说是知识变现会员制的雏形。2014年推出付费会员制，当时被称为是“史上最无理”的付费会员制。这5500个会员名额只用半天即售罄，160万元瞬时入账。罗振宇之后，自媒体人创作内容及内容变现的热情高涨，在制造个人IP的同时，越来越强调知识和技能本身的价值。

2014年，付费打赏和付费阅读模式也逐渐出现，与此同时出现了一些用户自主尝试付费，例如当时知乎专栏和微博评论文后开始出现二维码的自愿打赏付费模式。这是距当下知识付费的一个过渡形式。这种方式加强了用户对于内容和付费的直接连接意识，而不是内容、广告、付费的间接连接。除此之外，付费微信群、付费分享会也逐渐成形，出现了一些小型的App。

在这之后，整体内容变现模式呼之欲出。

知识付费的发展期

这个阶段主要是从2016年开始，一直到现在。

2016年年中，以分答、知乎Live、值乎、喜马拉雅FM等为代表的新一批知识付费平台上线，知识付费的体系逐渐正规化，用户群迅速扩大。知识付费进入了真正意义上的发展期。

知识付费于此时爆发的理由有三（图1–9）：

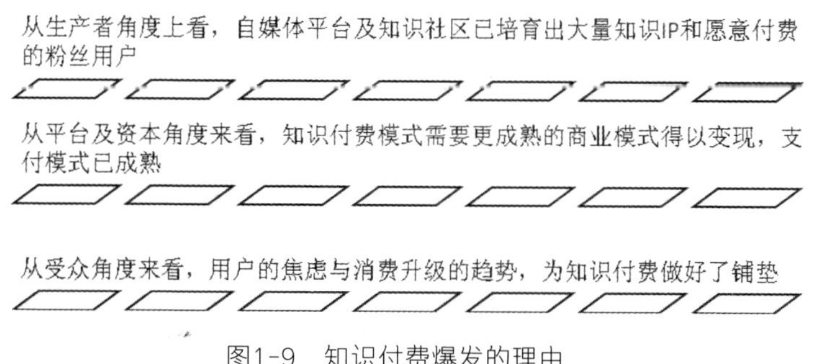

图1-9　知识付费爆发的理由

2015年12月，果壳推出了付费一对一咨询应用“在行”。

2016年4月1日，知乎推出了值乎，这是知乎第一个真正意义上的知识付费产品。

2016年5月14日，知乎又正式推出了实时问答产品“知乎Live”。

2016年5月15日，在行团队推出了分答，仅用42天时间，便横扫朋友圈，获得了超过1000万授权用户、100万付费用户的优异成绩。

2016年6月5日，罗辑思维打造的“得到”上线，10日内达到超过4万用户的订阅量。

2016年6月6日，喜马拉雅FM开始尝试付费订阅，由央视前主持人马东携手奇葩天团的“好好说话”作为首个付费节目上线。“好好说话”推出首日共计售出25731套，销售额突破500万元。

我们以知乎Live为例，看一下，知识付费平台的获利状况。

知乎是一个真实的网络问答社区，社区氛围友好理性，连接各行各业的精英。用户分享着彼此的专业知识、经验和见解，为中文互联网提供源源不断的高质量的信息。知乎的中文付费产品包括知乎Live、值乎及知乎书店。

知乎Live是知乎的核心产品，是知乎推出的一款实时问答互动产品。答主可以创建一个Live，它会出现在关注者的信息流中，用户点击并支付票价（票价由答主设定）后，就能进入沟通群内，可通过语音分享专业有趣的信息，通过即时互动提高信息交流效率。截至2017年1月，知乎共举办了2000多场Live，每场的语音平均时长为75分钟，已有超过有200万人次用户参与Live付费并获取知识。

知乎Live之所以如此火热，是因为在整体的知识领域中具有品牌优势，以知识社区起步，基本上形成了围绕知识生产、发布及付费的完整闭环。知乎还拥有大量沉淀的、有高度专业性和积极性的知识生产者、对知乎产生信任的用户，以及尊重知识并具有付费意愿的用户，拥有大量原生知识IP内容资源。

此外，知乎Live的知识内容丰富，不仅包含所有类型的知识，而以问题为主的知识生产方式使得知识生产具有极强的灵活性，十分适合非标性的经验分享和知识入门。

当然，随着“互联网＋”的发展，越来越多的平台开始加入知识付费模式，这些知识付费平台的出现，也带来了知识付费的新一轮发展高潮。

此后，知识付费产品不断推出，既有百度问咖、微博付费问答一类的原有平台延伸，也包括如36氪付费专栏、来问医生等专业问答类网站。知识付费时代正式到来。

第二章

内容卖点：要做就做让用户会上瘾的知识

很多付费知识只是披着“知识”的外衣进行敛财，做粉丝经济。这些知识不够深度、不够专业，没有形成垂直领域的探索，因此无法称得上是优质内容。长此以往，导致的结果是被用户和市场淘汰。做知识付费，必须要以优质内容为支撑，内容也是知识付费的最大卖点。本章将教会你如何做让用户上瘾的内容。

无论你的知识付费怎么做，内容才是核心

知识付费来了之后，其背后的资本和平台都笃定这是一场可以改变传统教育模式的变革。随着人们对知识的选择变得更自由，对知识的渴求变得更多样化之后，职场人士的进取心、中产阶级的身份焦虑以及终身学习者的求知欲，这些问题和矛盾伴随商业社会进程不断加剧。教育资源被重新分配，视频、音频等知识变现的方式越来越多样化，这也意味着知识付费进入了快车道。

以在线教育为例，据中国互联网络信息中心统计，截至2017年6月，中国在线教育用户规模达1.44亿，比2016年年底增长了662万人。

庞大的市场催生了大批在线教育公司以及平台，资本也纷纷涌入开始攻城略地。然而，是不是只要投身在线教育行业就可以赚钱呢？答案是否定的。

因为这是一个内容行业的问题，在线教育的上游仍然是内容供应商。虽然在线教育结合了很多先进的互联网技术，但是并未改变教育的本质。这个行业所处阶段的重点，仍然是如何让内容精品化继而深化布局，而不是砸广告烧钱搏出位。

所以，归根结底，无论你的知识付费怎么做，内容才是最大的核心。

当下用户对知识需求正在经历的变化

网易教育事业部总经理蒋忠波认为，当下用户需求正在经历几大变化：

第一，整个社会消费升级，用户在知识付费方面的投入与占比越来越高，用户对于知识、课程的付费意愿更强；

第二，随着互联网网民的成长，用户对各种互联网知识付费形式的接受程度越来越高，尤其是对直播接受度越来越高；

第三，用户对学习效果的要求越来越高，对知识付费生产的内容和服务的精品化要求逐渐提高。

面对这三者的变化，每一个做知识付费的人都应该明确自己要从精品内容出发。

下面我们用一张图来看一下网易教育的系列产品是如何做的（图2-1）。

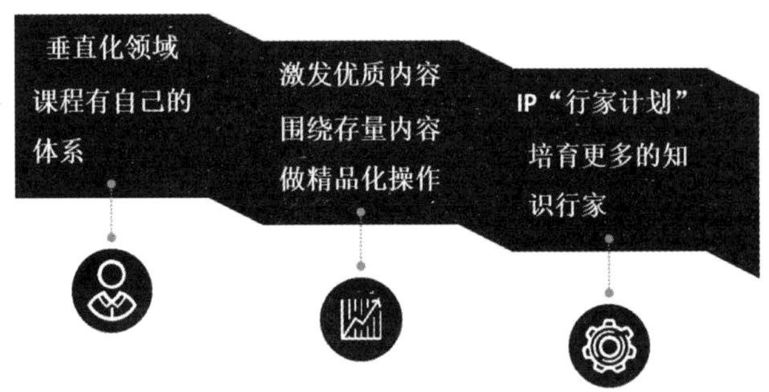

图2-1 网易教育系列产品的做法

网易教育的系列产品为了在内容上取得胜利，获取用户的青睐，走的是垂直化和精细化路线。具体分析如下：

（1）网易教育的系列课程，无论在质量、重复度还是知识标准上都有自己的一套体系。而且网易在线教育的每位老师都有自己的知识体系。

（2）网易云课堂为了激发优质内容，还围绕存量内容做精品化操作。网易教育平台在近三万门课程中，选出10%左右的优质精品课程。并且从选课营收、学员评价、学习动作等三个维度对课程质量进行跟踪评级。鼓励优质机构与讲师进行多渠道推广，平台实施的新规定中，对流量进行标记，由机构自身带来的流量，平台将不参与分成。

（3）在精品化内容的基础上，网易云课堂还启动了IP培育计划“行家计划”，包括流量倾斜、资金支持、教学服务和IP推广等四大内容，培育更多的知识行家。

网易教育的这种做法就是“内容打法”。网易教育很清楚，只有保证了优质课程的生产，才能完美实现内容和平台的闭环，从而推动网易教育的发展，让更多的用户选择网易云课堂。

知识付费必须要从“平面”到“纵深”发展

知识付费必须要从内容上征服用户。例如一位用户参加了一个App的营销课，每天用碎片时间学习营销知识，感觉自己就像打游戏闯关一样，非常刺激。这样的内容一定是有价值的，也是用户愿意付费的。

2017年国内知识付费领域逐渐分化，知识付费正从起初很火的商业财经、技能培养等热门领域向更多、更丰富的细分领域扩展。不少用户在知识付费平台上体验过提问的乐趣，但在丰富知识的同时，也会遇到回答缺少深度，甚至存在错误信息，内容良莠不齐，甚至真假难辨等问题。因此，很多网友对付费知识的含金量提出质疑，因为有些付费得到的回答结果，在百度搜索中也可以免费查到，而且有些知识付费平台的解答也缺少针对性。

还有用户认为有些平台无法将事情讲解透彻，只是给出了一个所谓的最终结果，使用户有不知所云的困惑。

所以，知识付费在当前的状况中，还存在体验差、缺乏内容评价体系和筛选体系、复购意愿不高等问题。目前的这些问题，会随着日后知识付费竞争而回归理性，并且优质内容会更加突出。

对知识付费平台本身来说，应该优化自身体系，打造系统化、结构化的平台，把那些大众化、浅层化的内容往深度发展。

构建个人知识体系，深度化与专业化学习不可或缺。从事知识付费的平台或者个人，都应该从“平面化”模式走向“纵深化”，需要通过深耕专业内容，为用户提供深度的知识吸收场景。

想要做到这一点，必须要从两方面考虑（图2–2）：

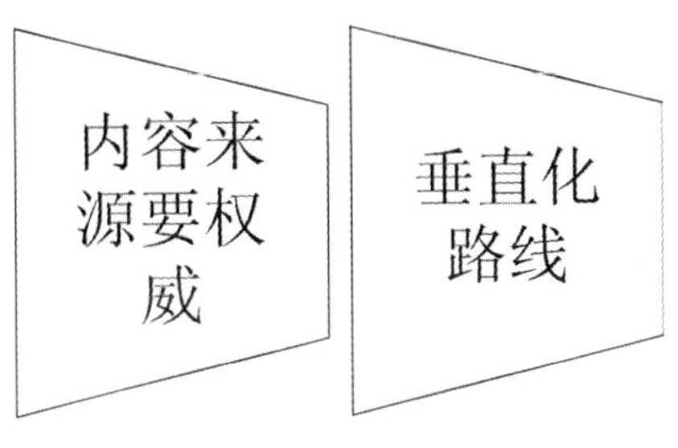

图2-2 深耕专业内容

抓住用户的痛点做内容付费

“互联网＋”时代，做任何事情都应该从用户角度出发。知识变现也是如此，你若想要通过知识变现，就需要迎合用户口味，把用户搞清楚，用户才会愿意付费购买你的知识产品或者服务。

那么问题来了，怎样做好内容的选择呢？内容选择最关键的一环就是抓住用户痛点。

用户需要什么，你就做什么内容。遵循这个原则，你的知识付费一般不会太差。

下面我们从几个关键方面来看一下，如何抓用户痛点。

可以让用户在短时间内系统化学习的痛点

想要进行知识创业，首先就要搞清楚用户的第一大痛点：可以用碎片化时间进行系统化学习。

对很多上班族来说，本身没有太多的时间去系统化学习，因此他们就更加想要利用碎片化时间学习，而且这种学习不能是浅层面的，必须是系统化的。所以，知识创业者可以抓住这一点，推出一些高水平、精细化、系统化的知识付费产品。这些产品可以让用户在地铁、公交车上用手机听课。

所以，知识产品的卖点须符合以下三点（图2—3）：

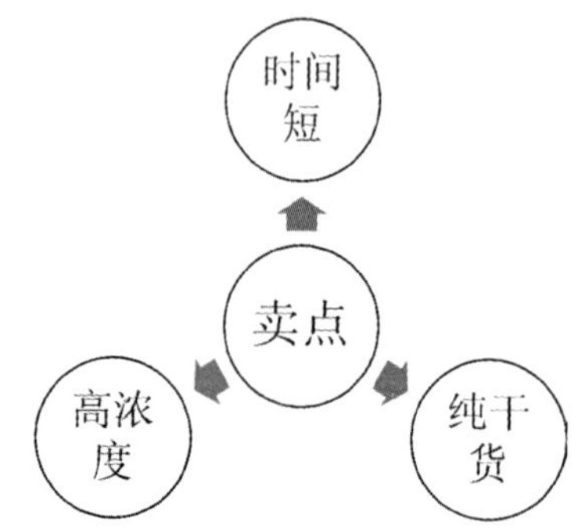

图2-3 知识产品卖点满足的三个条件

例如“每天五分钟，解决一个商业问题”“每天十分钟，练习英语单词”……

所以，知识创业者在内容输出时，一定要注重精练、有干货，尽可能把最精练的点提炼出来。这样用户花钱买到的是纯粹的干货，可以减少他们理解的时间，减少时间成本，从而提高整体水平。如此一来，客户很难不持续购买，甚至还可以形成口碑传播。

用户永远只为最实用的内容埋单

先来看一个生活中的现象：

在金融机构工作的一位男士，认识了一个很不错的女孩，男士想要赢得女孩的好感。他知道女孩喜欢弹吉他之后，立刻上网找弹吉他的付费知识。幸运的是，他找到了一个“零基础学弹吉他”的课程，一星期便可学会弹奏《告白气球》。

他购买了这个网课产品，并且买了一把琴。利用零碎的时间跟着教程练习。一个星期之后，他真的学会了。在一次外出野餐时，他抓住机会给这个女孩弹了这首歌，女孩芳心大悦。

故事还没结束。男士后来把这个知识付费的平台告诉了女孩。女孩随后在这个平台上选购了很多课程，如绘画、插花、养生、穿衣搭配等课程。

事实上，这些年轻人的行为表现了当下典型的“知识焦虑”。他们在选择知识付费产品时，会倾向于实用性。无论是学习弹吉他追女朋友，还是学习插花、养生，都是生活中最实用的知识。

因此，如果你想要通过知识创业获得财富，不妨调查用户的喜好和生活需求，从生活中实用的点出发，只有这样用户才更愿意付费购买你的产品。

抓住用户的“焦虑”

知识付费之所以会火热起来，人们之所以会争相地付费学习知识，主要原因是在当下竞争激烈的环境中，人们无时无刻不拥有“焦虑”的心态。

无论我们的知识付费如何做，在内容上都应该围绕着用户的“焦虑”来进行。用户的“焦虑”就是用户的痛点。

我们分析一下，作为知识付费中流砥柱的用户，都有哪些“焦虑”：

(1) 身份焦虑：如果不继续努力，很可能会被淘汰，自己的“中产身份”是否保得住？

(2) 竞争焦虑：为什么感觉现在新人都好强，自己随时可能被超过呢？

(3) 安全焦虑：我和我的孩子会不会变成网络中曝光的意外事件的主角？会不会得一场大病？如何应对？

(4) 财富焦虑：有什么办法能遏止财富缩水？有没有方法可以快速赚钱？投资理财怎样才能不赔本？

(5) 年龄焦虑：年纪越来越大，还一事无成，怎么办？如何在有限的时间里生活得完美充实？

(6) 信息焦虑：每天网上都有这么多信息，会不会不小心错过了什么重要资讯和机会？杂乱的信息又该如何筛选？阅读信息也会浪费我大量时间……

(7) 家庭焦虑：养孩子太累了，如何不让自己的孩子输

在起 跑线上？面对四位老人，我该怎么办？

（8）人际焦虑：社会太复杂，人心难测，他给我一张名片，我是该扔掉还是保留起来？社交圈层分化明显，我的社交圈越来越无能……

当然，还有很多焦虑困扰着现代年轻人。这些人的“焦虑”就是他们的痛点，我们做知识付费就应该围绕这些焦虑进行内容产出，时刻为用户解决实际问题。例如咪蒙推出的“咪蒙教你月薪5万”课程就很好地抓住了上述几点，不但解决了用户的痛点，也给咪蒙带来了巨大的利润。

问答内容成为最流行的付费知识

内容是知识付费的重要部分。在这里，我们要特别注意一点，在进行知识创业时，选择内容上要慎重。很多人以为有一些本领或者技能就可以成为“知识网红”。事实上，你一定要选择适合自己的内容卖点。例如非常流行的问答类内容。

何为问答内容？

用户因为一些疑惑而想要寻求解答，于是付费获得问答。这是一个十分简单且有效的内容方式。

我们以“分答”为例，看一下如何进行问答的内容操作。

首先介绍一下分答这个平台。分答是2016年至2017年度最引人注目的付费语音问答平台，领先国内同类平台，它可以帮助你快速地找到给自己答疑解惑的那个人，甚至在1分钟内就能解决问题。

它由“在行”团队孵化，延续了知识传播与分享的便捷方式。平台上的答疑者汇集了各个领域的专家和名人。2016年5月15日上线后，王思聪、李银河、周国平、罗振宇、汪峰、章子怡等众多名人及健康领域、理财领域、职场领域等专家答主纷纷加入。

分答上线仅42天，就有超过1000万的授权用户，付费用户超过100万，33万人开通了答主页面，产生了50万条语音问答，交易总金额超过1800万元，复购率达到43%。分答每日付款笔数超过19万。

分答的问答式核心业务流程（图2–4）：

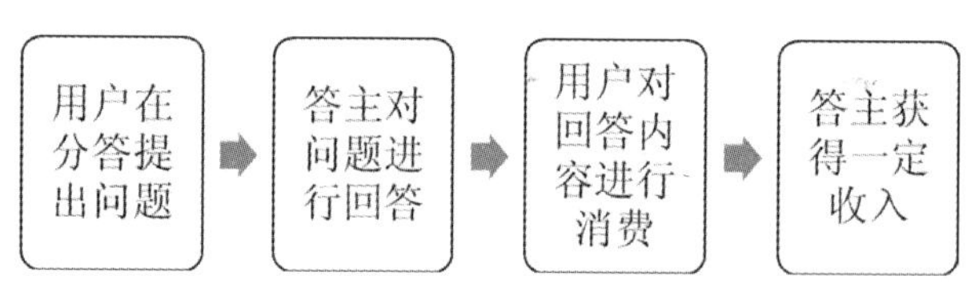

图2-4 分答的问答式核心流程

了解了这个核心流程之后，我们看一下，作为普通的知识产出者应该如何进行问答内容的知识创业。

围绕用户最普遍的疑问进行答疑解惑

在分答小程序的主页面上，有四大类的热门问答题型，分别是：身体小毛病、情感小烦恼、大小纠纷事、育儿经验谈。

从这四种问题分类中不难看出用户普遍的疑惑。因此，如果你的知识层面恰好符合这些要求，你就可以成为答主，回答用户的问题。

通常情况下，用户会选择自己的问题类别，如选择“身体小毛病”然后对自己存在的疑惑和问题进行描述，交纳10元提问金，提交问题。用户提交之后，相关知识产出者（通常是专业医生），就会在48小时内抢答。如果48小时之内无人抢答，费用会按照原支付路径退回给用户。

作为知识产出者，如果你想要通过问答类型的知识来变现，就应该在分答这类平台进行抢答问题，然后赚取收入。

此外在今日头条的“悟空问答”中也有问答的板块。知识产出者也可以从这个平台输出自己的知识。

了解粉丝，回答粉丝的问题

很多人可能不知道，在微博上有一个“微博问答”的功能。当然这个功能只开放给“V”用户。成为会员的用户可以申请开通这个功能。自己的粉丝就可以通过这个功能向博主提出问题，支付费用。

博主回答完这个问题之后，即可获得相应的报酬。

例如一些知名的心理学教授、外科医生、美容专家、健身达人、时尚博主等，他们的粉丝往往几百万甚至更多，为了能够在知识付费的潮流中分得一碗羹，大多会很积极地回答粉丝的问题。

当然了，这需要博主了解自己粉丝的属性，明白自己的粉丝通常会问什么问题。在给粉丝解答时，要尽量做出详细的解答，否则粉丝不会进行二次付费。

这样的方式不但让博主通过回答问题赢得报酬，还在很大程度上维护了自己的粉丝，与粉丝产生有效互动，让粉丝更加亲密了解和接触博主，形成愈来愈强的粉丝效应。

一对一付费解答

无论是分答还是悟空问答几乎都是用户提出问题，缴纳费用，可以解答的用户“抢单”回答。这样的方式适用于简单的问题，而且赚取的收入也不是很高。对有些知识产出者很实用，但对那些有一套知识系统的产出者往往会显得有些“大材小用”。这类人怎么做呢?

可以实行一对一的付费解答，例如“在行”。

在在行平台中，有众多的高手或者专家针对当前用户普遍存在的问题进行在线“解答”。只是这种“解答”是比较系统和规模的，价格也比较昂贵，但解答非常专业和精细。

例如“即学即用的职场说话课”针对的就是当前职场人遇到的“表达”问题推出的课程。这是一个大的问题，答主在这个基础上推出了各种细小的分类，如：

用户害怕演讲，不善表达的原因（从根本上给用户一个深刻的剖析）；

用户的表达无法赢得他人的好感；

用户的表达实现不了高效沟通；

用户的表达无法赢得他人理解；

用户如何快速搞定汇报和演讲；

用户面对人多怯场怎么办……

针对这一系列的问题，这个答主给用户列出了详细的问题列表和一些示范解答案例，用户看到之后就会认为这个大的“表达问题”非常专业，示范中也都是干货案例和方法，便会产生购买欲望。

在这个问答的知识产品上，答主还特别给用户呈现了一个环节：适合谁听。例如这个问答的内容，答主列出了积累适合听的人选：需要提升沟通力的职场人，经常需要汇报和演讲的人，对说话沟通感兴趣的人，等等。

这个环节有利于用户选择，不会让用户感到模糊，这也在某种程度上提高了问答知识的精准定位。

此外，你的问题解答越详细，越专业，就越能获得用户的认可，你的影响力也会越来越强。

专业资讯＋在线教育＝高等内容

知识付费时代下，用户喜欢什么知识和需求什么知识是相辅相成的。换句话说，我们应该想办法如何将两者结合起来，让用户获得高等内容。

专业资讯和在线教育的出现是用户背后的驱动力

从逻辑上来讲，使用专业资讯和在线教育的用户本质上属于“刚需”，是生活、工作、学习倒逼用户不得不采用这种方式提升自身的知识见解。

例如一个做自媒体的人，必须要了解他所在的行业，他就不得不订阅一些权威的媒体；一个留学生必须要了解各国留学教育、居住、文化的情况就要查找专业资讯报告。又如，一个程序员在网易云课堂上选择人工智能、PPT制作相关课程的时候，他背后实际上是工作所迫，本质驱动力是“不得不”。这种被迫的逻辑和如今大部分的知识付费有着本质区别。

举个例子。一位希望从事媒体行业的大学生，在学校中没有任何导师告诉他应该怎么做，但他可以在知乎Live中选择《GQ中国》主笔何瑫的写作课。这个写作课不但专业，而且是在线教育中的创新产品。课程费用不高，几十块钱就能对所要从事的媒体行业有基本了解。听完课程后如果有进一步的需求，该用户还能付费进行更进一步的专业资讯，通过付费提问的方式去和专家沟通。

这种方式是知识付费领域值得推行的模式，同时也给很多知识创造者带去了福音和机遇。

“专业资讯＋在线教育”的模式关系

来看一下在知识付费中存在的两种现象：

第一，出于工作生活学习中遇到困难，用户需要在短时间内通过付费方式，迅速对一个领域进行系统性、结构化的学习和理解，最终把这些内容内化成自己的知识，以此来解决自己工作生活中遇到的问题。

第二，职场或者人际交往中遇到了瓶颈期，用户会产生盲目付费订阅的想法，以此来安慰自己的“知识焦虑”。实际上这样的方式毫无针对性，也不可能对用户起到太大的作用。

专业资讯和在线教育的内容则填补了这个空隙。

专业资讯给到的是相对轻快的专业资讯、行业报告。

在线教育则是用最重的方式去传递专业的理论，让用户在接受理论的同时还要内化为自己的知识。

由此可见，专业资讯和在线教育始终是知识付费中的刚需。我们更多需要做的是如何用专业资讯和在线教育结合的方式，使用户获得更可靠和对口的知识。

专业资讯和在线教育的内容审核标准

专业资讯，最重要的一点来源于专业。从课程甄选审核标准来看，财新、普华永道这样的资讯报告往往有专业背景，可以保持专业度。

在线教育平台本身的门槛就很高，例如，网易云课堂。其课程筛选流程大致如图2–5。

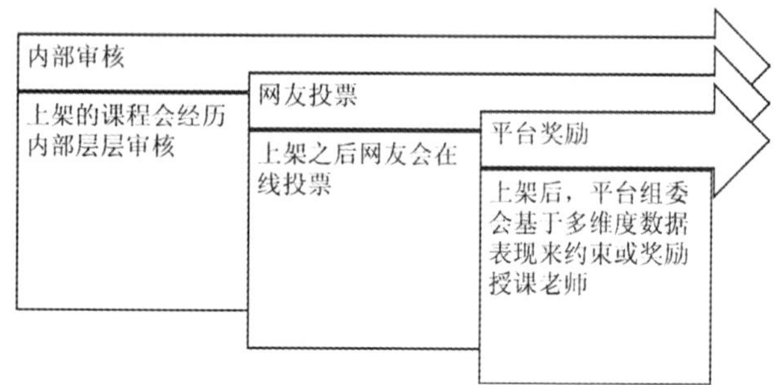

图2-5 网易云课堂门槛筛选流程

尽管如此，目前大部分知识付费平台，都是以UGC（用户原创内容）生产为主，所以，在知识的质量上难以把控。这个领域里得到App做得不错。得到请来的授课者基本都是名人名师。

大部分的专业资讯和在线教育存在下列四个问题（图2–6）：

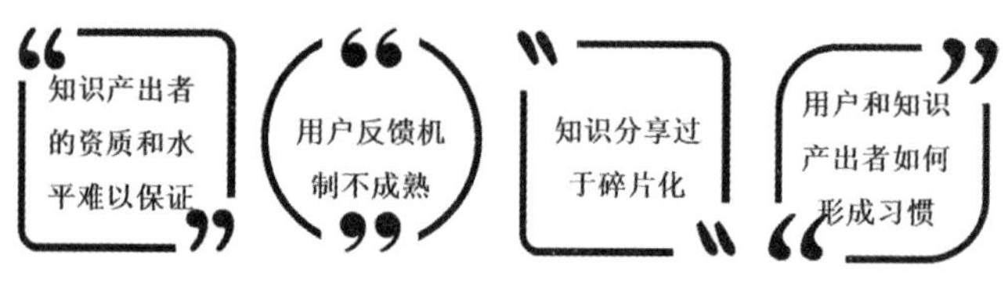

图2-6 在线教育存在的问题

用户在消费前没有明确预期，缺乏可参考的质量标准；在消费后如果不满意，缺乏相应保护机制和评价标准。这些问题都可能造成消费需求被抑制或重复购买意愿下降。因此，知识付费的平台建立内容准入机制、知识商品评价体系、售后保障机制，就显得尤为重要。

网易云课堂已经解决了这个问题，并且让更多的知识产出者有效地利用平台，推出专业的在线教育知识。

网易云课堂的做法是：

（1）在审核推荐课程时，从平台近三万门课程中，按照严格的审核标准甄选，选出10%的精品课程在平台进行重点分发展示；

（2）从选课营收（近期选课人数/近期销售额）、学员评价、学习动作等三个维度对课程质量进行跟踪评级，并对高质量的课程给予更多的曝光机会；

（3）合作的内容方有名师团队与教育机构，在专业资质层面上形成竞争壁垒。

有了这些做法，知识产出者可以更加专业，将自己的知识通过科学的平台和科学的机制展示出来，让用户付费获享。

内容系统化和专业化

专业资讯和在线教育最讲究的就是内容系统化，只有这样的内容才是真正的差异化，才能真正赢得用户青睐。

仅从“知识”这两个字本身就体现出了系统化的经验和理论。用户需要的不仅仅是一个结果，更是推导的过程。好比数学老师给学生讲解一个题目时，知道了结果没有太大作用，最重要的是详细的步骤。

在知识付费领域也是如此，例如普华永道的咨询报告、网易云课堂的课程，都会对信息进行多个维度的梳理。表格、文字、视频能够帮助用户对一个领域的问题进行反复研究，用户在某一个片段存在疑问，可通过文字、表格、视频来弄清原委。

因此，在内容上要系统化，而系统化最重要的呈现方式就是视觉。视觉始终是效率最高的阅读方式。内容经过了系统化的梳理，就会便于用户理解和学习。

然而当前很多知识产出者往往使用短暂的音频或者文字来进行知识生产。这样很难让用户真正接受。你必须在表达一个复杂问题时，采用更多样的方式，例如视频或者直播等。

把专业的知识用在线教育的方式通过直播或者视频呈现出来，这样的内容才是用户真正想要付费获取的。

细分垂直领域下的知识是最精华的内容

知识付费的竞争程度愈来愈激烈，它已经从最初最火的商业财经、技能培养，向更多、更丰富的细分领域扩展。在未来，只有成为垂直领域的“头部”才能谋求更远的发展。

因此，垂直化、细分化是未来知识付费领域的基本趋势，对于若干重要、热门领域，如亲子、健康、情感、理财、职场等来讲，已经出现了大众化平台向专业化细分产品转化的趋势。在将来，人们把争夺垂直细分领域头部看作是争夺知识付费市场，“二八定律”也让头部竞争更加激烈。头部内容在用户复购率方面也具有决定性优势。

因此，做知识付费的人，必须要把焦点放在垂直领域，做垂直领域下的内容。

垂直领域的知识内容离不开IP

在垂直领域下想要做知识付费中的“头部产品”离不开优质的IP。一个优质的IP有助于提升用户黏性和互动性。

例如，由马东担任课程总监，《奇葩说》马薇薇、邱晨、黄执中、周玄毅、刘京京等担任主创的口才培训知识付费产品“好好说话”就是很好的案例。

从沟通、说服、辩论、演说到谈判，教给用户一整套应付生活场景需求的话术。该产品于2016年6月6日正式在喜马拉雅FM独家上线。

“好好说话”上线一年收获订阅用户超过20万，营收超过4000万元，播放量超4000万次，是知识付费领域的赢家。为何该产品会成为知识付费领域的赢家？因为这个知识付费产品成功激活“说话”这一细分领域，针对“说话”展开详细的培训，传授多层面的知识技巧。

“好好说话”以实践经验为基础，案例鲜活生动，绝非是泛泛而谈的理论说教。与其说它是模拟场景教人说话，不如说它是在教人如何思考。“好好说话”更加注重体系化服务，即在提供充足的获得感之余，以真实的案例作为切口，提升用户的参与感和陪伴感。

因为有马东和《奇葩说》这样的优秀IP，所以它才会把互动性发挥成了新的发力点。而且这个由超级IP带起来的“说话”产品，专注口才培训，针对性较强，比较吸引用户购买。

再比如“凯叔西游记”。“凯叔西游记”相对来说有一些特殊，因为它是一款针对儿童的音频产品，服务儿童，但购买者却是孩子的父母，所以它要满足双重用户群体，即让孩子和家长都满意。

借助拥有600万用户、播放15亿次的“凯叔讲故事”微信和App平台，“凯叔”已经成为超级IP，于是找准知识付费发展的契机，推出“凯叔西游记”这个知识产品，可谓注定会火。前4部销售20万份，第5部上线12小时就销售了6000多份。根据亲子教育的使用场景，“凯叔西游记”还推出了相应的硬件，也已经销售了20多万台。

通过这些垂直细分领域的产品，我们不难看出，想要做垂直领域的知识产品最好搭配一个优质的IP，它有助于提升用户黏性和互动性。

未来，各平台争夺优质、成熟IP将会愈演愈烈，也会成为知识付费主战场，因为优质IP对知识付费产品在垂直细分领域深耕和可持续发力有着不可估量的作用。

带给用户超预期的知识体验

如果你想细分市场，做垂直领域的知识产品，必须要先审视自己，是否可以做到专业、丰富和深度这三点。

只有丰富、专业且有深度的内容才能够赢得用户的青睐，用户才会埋单。换句话说，你需要是某个领域的大师级别的人物（知识产出者）。

我们不妨站在用户角度来看，用户希望的是用合理的价格来购买提高效率的产品和服务，对付费内容的心理预期往往都很高。因此，在做垂直领域大师级别人物的知识产品时，必须要给用户带去超预期知识体验。

例如，国际钢琴家郎朗入住知乎Live，用户从郎朗的知识分享中可以看到郎朗的弹钢琴技巧和学习经验。这些就是人们最需要的体验。人们不需要看郎朗“独秀”琴技，而需要郎朗讲述自己的技巧，传授自己的心得。做到了这些就是超预期，用户购买产品就会觉得值。

物美价廉的专业知识

很多知识产出者认为自己的专业知识可以高价出售，殊不知前面有大量的超级IP也在做垂直领域的知识，他们的产品价格往往较高。试想，你的产品和一个权威的产品，同样的价格，人们会购买谁的？当然是权威的知识。

所以，想要在权威中脱颖而出，就要推出物美价廉的专业垂直领域内的知识产品（图2-7）。

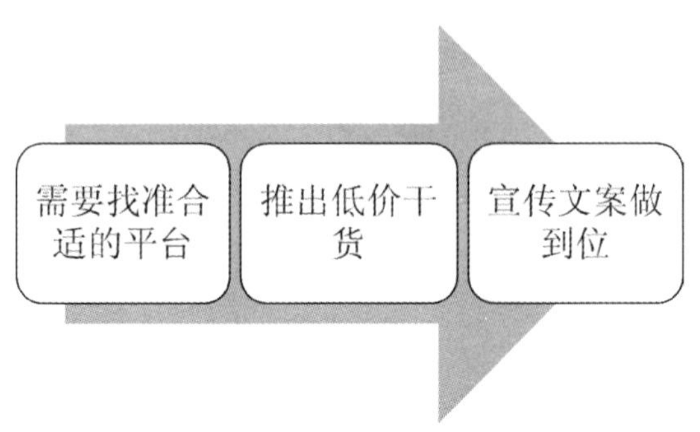

图2-7 物美价廉的垂直领域知识产品

例如在时尚小清新的网站堆糖中，有一个板块叫“堆糖class”（堆糖平台推出的知识付费平台）。在这里，众多时尚、文艺、健身达人聚集，推出自己的专业课程。

例如“女子瘦身搏击课”就是一个物美价廉的专业课程。首先该课程的私教非常会选择平台，堆糖的用户大都是喜欢瘦、爱美的女孩，所以她在这个平台推课程非常合适。

其次，该私教推出的产品非常便宜，仅需要69元，就能学习到8节专业健身瘦身课程，不但专业而且非常划算（图2-8）。

最后，该私教在文案上特别懂得抓人心。她将“一学就瘦的女子燃脂搏击操”作为文案，赢得了众多女性用户的青睐。

大家对物美价廉的专业领域的知识往往毫无抵抗力，因此，知识产出者，尤其是没有名气，还无法形成IP的内容缔造者应该好好学习运用这种方式。当然了，物美价廉要做到名副其实，不能以次充好。

图2-8 堆糖class中的“瘦身”课程

有深度情怀的内容，用户花多少钱都愿意

在知识付费的发展道路上，很多人越来越喜欢具有情怀的内容。但是我们也发现很多所谓的情怀内容其实都是套路。例如它们往往具有极度诱惑力的标题，能够快速抓住我们的焦虑点，课程简介也非常迷人，好像听了这个课程就可以根治我们的焦虑和困惑。

但是当我们购买之后，会发现很多课程含金量都在标题和试听内容上了。真正的内容往往并没有意义。

这样的情怀内容就等于“烂掉”了。

但这并不等于用户不喜欢情怀的内容了，相反，真正做得好的情怀内容用户购买时非常爽快，而且复购率很高，花多少钱都过瘾。

在“知识付费”的大风口上，所谓的情怀不只是说出来的，更应该是做出来的。营销者当然可以打着情怀的旗号吸引足够多的受众，但是一旦涉及变现，一定要货真价实。

以提高用户的修养和层次为主要的情怀变现

情怀变现，看上去是一个非常抽象和模糊的概念，但是如果你做好了，不但能够给你带来更多的利润，还可以让你的名气大振，获得更高层次的提升。

真正可以让用户购买的情怀知识离不开修养。我们必须要清楚一点：用户之所以购买你的情怀知识，看中的不是情怀这两个字的“矫情含义”，而是内在的修养养分。

所以，知识产出者想要获得情怀变现，就看你是否能够给用户带去真正层次上的提高。在这一点上，豆瓣时间中的知识产出者做得非常好。

先来看一下豆瓣时间这个平台。

豆瓣时间是豆瓣推出的内容付费产品平台。平台甄选用户最渴念的内容领域，并邀请学界名家、青年新秀、行业达人推出精心制作的专栏。豆瓣时间，可以陪伴你成为最好的自己。

仅从平台上就能看出这是一个传达情怀知识的平台，再加上豆瓣先天的文艺优势，自然就能吸引大量喜爱文艺的年轻人的关注。

我们以“回到原典——细节里的中国美术史”为例，看一下这个课程是如何在豆瓣时间赚钱的。

该课程的主讲人是曾孜荣，中信美术馆执行馆长，长期致力于中外艺术的普及工作。他在线下也有大量的艺术讲座，面向大众开放，风格简练优雅，睿智而又通俗易懂，引人入胜。

在这个课程中，曾孜荣特别将美术情怀与知识付费联系起来，用180幅画（高清、完整、原作、经典）与听众一起品味中国美术千年历史。从画史上有作品传世的第一人东晋顾恺之开始，历经唐宋元明清，再到现代的齐白石、徐悲鸿等，带你回归原典，领略中国美术的曼妙。可以说，这个课程独具情怀，听众大都是喜欢美术和艺术的文艺青年。

这个课程一共分为80集，曾孜荣梳理77位大师，讲述180幅画作中的内涵，包括技法创新、流派传承等。

所举画作都做了高清局部处理，精细解读，用户使用手机可以尽情放大，发现画中的小细节，让用户将画中蕴藏的历史传奇、审美情绪和艺术知识尽收眼底。

这样的课程看上去很宏伟，但实际上每一节课都充满了历史的味道，充满了细节上的考究。看过的人都认为每一帧都不想放过。

用户看了这种课程，不是要成为一个画家，也不是成为一个历史学家，而是增长了自己的谈资和见识，陶冶了自己的艺术情操，增强了自己的内在修养。这是一个长久的过程，也是非常值得回味的过程。这样的情怀内容，对那些真正有品位的用户来说如同珍宝，他们会持续购买和观看。

深耕兴趣背后的知识

从某种程度来说，情怀的产生是因为人们的兴趣和爱好。例如你喜欢钢琴，就可能会对舒曼、莫扎特、肖邦的人生、经历产生兴趣。针对这类的情怀知识就有可能会成为你的消费品。

如果你喜欢漫威漫画，就会对漫威的系列电影产生兴趣，你还可能会喜欢漫威的周边产品，还可能会喜欢看他们的小说、文章，也可能会喜欢关于漫威的人物分析。针对这些内容就可以形成某种知识结构，包装成为知识付费产品，大批的用户会追随购买。

所以，知识产出者可以围绕用户兴趣背后的知识来做产品。当然，前提是深耕，必须纵横挖深，推出透彻且独具一格的产品。如果你推出是“烂大街”的产品或者用户百度随便一搜就能搜索到的产品，用户很难买账。

知识产出者必须要明确用户在未来的情怀趋势是什么。（图2–9）

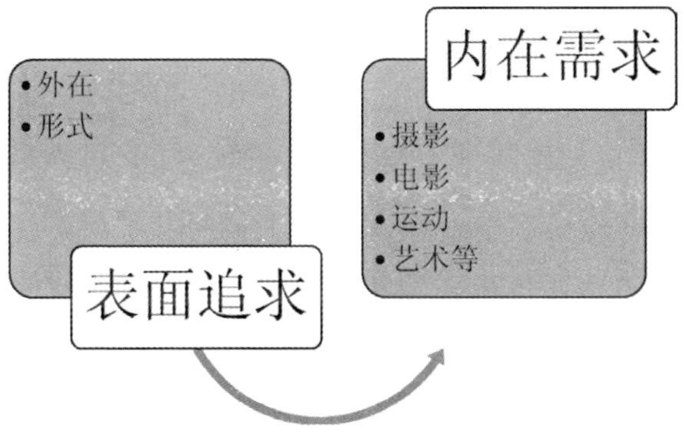

图2-9 用户未来情怀趋势转变

用户的这些内在情怀需求恰恰就是知识付费在未来发展的最佳主料。

知识产出者必须要深耕用户兴趣背后的内容，为有情怀追求的用户带去更有价值的付费产品，这样才能持续俘获用户的心，在知识付费的市场中占据一席之地。

真正有价值的内容绝对不是这五种

知识付费的市场中，人人都想分一杯羹，尤其是个人。于是各种各样的内容也层出不穷。更多的内容属于粗制滥造。事实上，用户的眼睛是雪亮的，平台的手段也是科学的，如果你的内容粗制滥造，欺骗用户，那么你的知识付费产品也无法做大做强，最终会断送前程。

下面看一下知识付费千万不能做的五种内容：

付费广告

知识付费的模式中引申出了一个词叫“用户筛选”，很多付费专辑成了一些投机者筛选付费用户的一层筛子，通过付费音频引流，利用音频广告插入，乘机宣传自己的线下课程或线下商品。

这样的创业者往往不会在课程中讲述真正的干货，所有的内容都带着特别明显的商业套路，用户会十分烦恼。这种创业者往往是利用一开始低价的课程来吸引用户，然后在课中大肆灌输广告，甚至“忽悠”用户花费数千元报名一些线下的课程或者产品。

例如“××人生效率手册”这个收费节目，创业者对自己创立的咖啡品牌、学渣逆袭、公众号、自己写的书在节目中进行各方面的宣传，几乎每期都有。你听说过付费听广告的吗？很明显她的内容中处处透露着铜臭味。

此类的知识付费产品消耗的最终是用户的信任，最终让用户对知识产品和老师产生反感。

挂羊头卖狗肉的“干货”

很多知识创业者打着名家的旗号，在各大知识付费平台“招摇撞骗”。例如有些知识产品中关于主讲人的介绍华而不实。

实际上，越吓人的名头往往越不真实，尤其是“××行业第一人”“客座教授”“特约嘉宾”等通常不是真正的名家。此时，我们建议更多的用户在缴纳费用之前要先调查一下这些所谓名家的资料背景。对他们所谓的干货也千万小心，建议多咨询一些专业老师。

还有一些知识产出者会在刚刚成名之后，就推出“帮助更多人走向财富”等内容，搞个人崇拜，沉迷在自己的主张之中，实际上就是骗取粉丝钱。对于此类的知识我们千万要擦亮眼睛，同时也是更多知识产出者应该杜绝的做法。

三观倾斜的毒鸡汤

知识付费是站在公众平台面向全网用户的产物，因此三观必须是正确的、科学的，这也是必然条件。如果你的内容中出现三观扭曲的现象，那么用户接受的就是负能量内容。这样的内容无法给用户带去自我修养的提高和进步。因此，这类三观不正的内容，是万万不可出现的。

然而，有很多年轻人为了哗众取宠，宣扬一些有悖伦常的观点，在价值观和人生观上存在严重偏差，所以无论是内容平台还是用户都一定要认真辨认。

例如由Ayawawa出品“如何得到你想要的婚姻与爱情”，主讲人只是一个网红，摇身一变成为情感“专家”。从心理学角度用一些简单指标定义婚姻情感，看似高大上，其实这位主播宣扬的思想是：爱情建立在价值之上，双方存在不相等的价值条件下，弱的一方就要忍让。

实际上，这样的方式是有悖科学和道德的，即三观不正。这样的内容我们要严厉杜绝。

伪科学内容

所谓伪科学就是用一大堆听上去“高大上”的术语，讲的却是真正的“假大空”道理，看上去很牛，其实都是空中楼阁，毫无实操意义。

很多人因为某些节目略有名气之后，便借着自己的名气开始推出自己独特的“学说”。这类人涉猎广泛，尤其喜欢在心理学方面独树一帜，然而实际上这类人毫无心理学知识基础。

这样的内容也只是骗取用户钱财，用户学习之后，并无实际用处，所以这类内容都是伪科学的东西，是任何一个内容产出者都应该避免涉及的。

水军泛滥的内容

很多知识付费的内容销量之所以会很高，往往都是被“捧”起来的。在产品评论不真实、数据造假、刷单现象泛滥的情况下，我们仅仅通过平台页面判断一个产品的好坏几乎已经不太可能。

就好比个别网店，有很多产品都是雇水军刷单，刷评论，以此来迷惑用户的眼睛。同理，这样的知识产品，用户最终是不会买账的。因此，此类的知识产品我们务必要避免，只有踏踏实实做好内容，才可以获得货真价实的评论和赞美。

第三章

传播载体：用最人性化的形式转化知识

知识付费时代，只要你有优质内容，就可以实现知识创业。当然，你还需要选择最合适的载体将其呈现出来，这是关键问题。知识付费的传播载体有音频载体、视频载体、直播载体、图文载体等，不同的载体有着不同的优缺点，你需要根据自己的产品特点选择最人性化的传播形式。

知识一箩筐，怎样表达才能让他更愿意埋单

2018年是知识变现的风口年，贴近市场与时俱进的培训师们已经闻风而动，积极进行个人品牌改造和主打课程改造，以便顺应趋势。

随之而来的是各行各业的技术工作者，只要专精某一领域，都可以通过知识来变现。例如擅长弹奏钢琴的人、会绘画的人、深度解读名家作品的人、美食制作大厨，等等。

这些人可以把一门手艺或者技术通过视频、音频、直播、文字等方式搬到各大平台。例如网易云课堂、百度传课、腾讯精品课、优酷土豆、得到、喜马拉雅FM、千聊、在行/分答、十点读书等。他们以此来吸引粉丝，靠为粉丝持续提供有质量的知识服务而实现知识变现。

空有知识的人无法表达

尽管知识付费趋势一片大好，但是问题也来了。很多知识产出者即便是胸中有万千本领，但却总是难以表达，无法成系统地将知识展现出来。

从2016年下半年到2017年开春，在各网络微课平台上赚到百万的“知识IP”的成功案例，很多都是通过语音来获取知名

度。当然，这有个前提，那就是你已经在这个领域积累了一定的名气，此外声音呈现也颇具魅力，唯有如此才有可能获得受众认可。

但是绝大多数知识产出者或者知识创业者，才美不外现，也就是“你的厉害没人知道”。这时盲目走语音路线恐怕走不通，因此你需要全方位地推广。这种推广来源于你的文案、视频等传播，只有这样才能逐步提高人气，慢慢让大家知道你的才能。

传播载体选对了，你的知识变现就成功了一半

首先，我们要用到PPT。这不是针对某一类知识产品，而是针对所有的知识产品。换句话说，在知识变现产品之前，你需要一段简介来介绍你的内容。此时最有效的载体就是PPT。

语音很难表达出画面感，如果你没有名气，这时就一定要辅以图片、文字、视频、动画等元素来诠释你的专业内容，而且要感性地、活泼地、有趣地呈现，这样才能让受众乐在其中，一直看下去、听下去。

接下来进入正题，传播载体的选择应根据具体情况而定。

有些内容适合图文，有些需要语音传播，有些需要视频直播录制。根据你的内容不同选择合适的传播载体。

(1）生活技能的知识变现，最好用直播、视频载体。例如制作美食、学习吉他、健身瘦身、美妆等，这些与生活有

关的技能知识，在传播时，我们最好选择直播录制方式。一来方便用户直观学习，二来还可以给用户带去亲切感，拉近与用户的距离，产生良好互动。

（2）文学读物、鉴赏、分析等内涵知识变现，可用语音载体。例如名家讲解红楼梦、历史人物传奇，等等，这类体现内涵的知识，知识产出者可以选择用语音载体传播。语音可以给用户带去想象，当用户戴着耳机静静聆听时，更容易理解和思考。

（3）职场工具技巧等知识变现，可用图文形式来作为传播载体。例如营销技巧、演讲技能、办公室通用法则、人际交往法则等，这些与职场、商场有关的技巧，知识产出者可以选择图文并茂的方式，PPT就是最好的表达方式。如此一来，不但结构清晰，脉络清楚，而且形成系统性技巧，便于用户查看和运用。

（4）英语培训、绘画培训等课程可以选择视频载体。与直播不同的是，这类课程培训可以提前录制好视频，这样可以给用户带去一个课堂的既视感，此外也能有助于减少错误和意外的发生。

只有选择合适正确的传播载体，你的知识才可以科学合理地传播出去，让用户用最舒服的方式去接纳并吸收。

音频载体：抓住用户行走的耳朵，缔造碎片化付费

当某个现象兴起时，总有一帮人推波助澜。比如火热的知识付费兴起之后，一大批的知识产出者纷纷加入知识变现平台，选择各种各样的载体来传播产品。

在这里，我们主要讲述音频这种载体。音频载体的主要特点就是抓住用户行走的耳朵，缔造碎片化的知识付费模式。例如用户在地铁内可以戴着耳机听喜马拉雅FM的知识付费产品，学习课程。

以读书为浪头掀起的音频付费浪涛

当我们在谈知识付费的时候，读书似乎是一个绕不过去的坎儿。

网络上关于中国人读书少的报道比比皆是。比如相关报道说，中国人年均读书0.7本、韩国7本、日本40本、俄罗斯55本，等等。实际上数据无关真假，但是越来越多人想要读书是一种趋势。

与此同时，问题也来了。如今生存竞争压力很大，年轻人上班时间非常忙，很难有长段时间来读书。另一方面，就算我们喜欢读书，但也总是“买书如山倒，看书如抽丝”，这是一种常态，买回来的书堆成山，但是看过的却寥寥无几。

于是以音频为载体的读书产品就顺势而为地出现了。

第一个阶段是音频复述，最早我们可能在懒人听书、蜻蜓FM、喜马拉雅FM等App上看到音频书，也就是有人帮我们把纸质书朗读出来。这可以说是音频书的初级形态。

第二个阶段是罗振宇的得到App，其特色是平台整理书单，由撰稿人和转述者合作以音频形式输出书本解读，如此结合，推出“每天听本书”。

很显然，引导用户读书并且把这件事情做成一门生意，是一个长期并且充满不确定性的工作。

有些人听书是为了学以致用，也有人是致用以学。因此，只是单一的音频读书产品形态很难满足听书以后的更深层次需求。

《三联生活周刊》的“中读”和“知乎·读书会”就非常有创意。借助于知乎已经沉淀的社区氛围，以及知乎原有的电子书等，读书会这个新的付费音频产品可以说是知乎自身的一个集大成之作。从会员角度来看，听书、看书和讨论书可以在一个社区内进行。

如何让你的音频读书更富有趣味，让用户购买，是重要问题。

拿“知乎·读书会来”说，领读人是产品设置中很重要的一个角色。文化学者马家辉、社会学家李银河、话剧导演林兆华、作家杨照、物理学家李淼、经济学家巴曙松，等等，这些人文、科技和财经名人代表着各领域的权威，同时也是音频付费内容把控的一道重要关卡。

通过领读人讲解激发用户的阅读兴趣，从而让用户带着更广阔的视角和方法论，重新回归书本中。归根结底，这类音频付费产品是在解决“读书读的是什么”的深度问题。

音频内容制作成本门槛低

为什么很多人会选择音频载体，因为音频具有场景限制少、信息细节丰富等优势，换句话说，音频内容制作成本门槛较低。

移动互联网对注意力的争夺已经从视觉延伸到听觉，音频形式不必跟微信等成熟入口争夺流量和用户注意力，能够在同一空间叠加平行的内容获取场景。

同时我们还能够通过语音的音色、节奏、力度和维度等传递出更丰富的信息，更有利于人格展现，因而在在线知识付费产业的应用中占据相当优势。

还有一个重要的点是音频内容的制作更有利于进行版权保护。试想一下，你的声音独一无二，内容简介和讲述时的语气和理解程度也是无法复制的。因此，选择音频载体是较为合适的载体方式。特别是在消费升级背景下，伴随着5G技术的出现和发展，音频更适用于实际操作场景。

如何录制音频载体

录制音频的方式其实很简单。一开始罗辑思维在每天60秒的语音中就是最简单的案例。使用微信语音或者手机语音软件，提前录制好，然后发送给用户，用户点击即可收听。

但是在知识付费的当下，有时候我们需要每天录制上百个音频，这时候就必须要提高质量。无论你录制什么，都必须要有价值，这样听众才会愿意听。

下面是音频载体的有效方式：

（1）前提是你需要一个有内涵的知识产品可卖，例如一本书、营销方案、解读某部名著、如何演讲，等等。

（2）你必须要非常勤奋，有些音频付费项目每天录制上百个音频，所以不管你录制什么内容都可以，但必须是有价值的高质量内容输出，要让听众愿意听、喜欢听。

（3）你须把你所卖的东西插入音频之中，比如书籍的名字，并找一个推广人员，把音频上传到更多的音频类平台。

（4）情感到位，尤其是读书、品赏等产品，更需要知识产出者付出情感去录制音频，情感到位，用户方能感觉到你的认真和真诚的心。用心做出来的音频产品，更能吸引用户。

（5）若你的音频是情感类，那么你的用户几乎是高端的人群，这时候你需要准备一个个人的微信号，将微信变成一个鱼池，将粉丝导入到微信上面来，引导粉丝关注你的微信，给客户做更多引申的服务，形成社交圈的发展，让你的音频产品面更广。

很多时候用户付费听你的音频并非完全是为了汲取每一个字的内涵，有时候只是收获一种心情、感觉、熏陶。当然，碎片化甚至粉尘化的消费社会，我们都面临知识的危机，同时也经历着一场知识分享转型。

一个成熟的音频听书，或者知识付费的形态，都应该是流动的，也是可以被质疑的，是用户和知识产出者在完善的社区机制下共同作用的结果。

视频载体：开启授课模式的真实讲堂

知识付费的本质是通过某种交易手段让更多人愿意共享自己的知识积累。越来越多的人通过市场规律和便利的互联网传播达到知识信息的优化配置，从而掀起了知识付费的浪潮。

实际上，知识付费不是一个新的东西，在互联网兴起之前，我们学习知识通过阅读文学名著、报刊等都是要付费的，如今只是知识载体换了而已，现在我们说的主要是视频载体。

这种方式主要适用于在线教育等付费课程。知识付费正在由泛到精的进化过程，所以，视频载体也会成为更多用户的选择。下面看一下，如何进行正确的视频知识付费模式。

在这里我们说的视频载体不同于直播载体，直播属于在线直播，而视频载体包括直播，但是更多侧重于点播，也就是知识产出者提前录制好的视频，用户付费点击观看学习。

做视频知识付费需要有“卖点”

当前应用商店流行的视频类知识付费软件大致分为三种类型，见图3−1：

主流类型

- 综合内容的视频知识付费，如网易云课堂、核桃Live 等，以核桃 Live 为例，该App中有不同名师开设不同领域的系列课，受众可根据需求进行购买学习

单一领域的视频知识付费

- 例如算爱研习社App，主要涉及两性情感关系类内容的知识付费

视频直播互动类知识付费

- 原理与语音答题相类似

图3-1 视频类知识付费软件常见的三种类型

视频类知识付费不同于音频，可以利用更多碎片化时间，甚至打扫卫生、乘坐交通工具都可以收听。视频类则要求用户投入更集中和更长的时间。所以，这就为视频知识付费带来一定的压力。也正因此，视频类知识付费获客难度和消费难度更高。

但是视频类知识付费也有一定的优势（图3−2）：

视频载体优势

- 视频讲解能充分调动用户更多感官参与。例如音频付费产品用户在收听过程中折损率往往很大，一份内容或许只能收获30%，而视频类知识其接收度可达到70%以上

图3-2 视频载体的优势

但这并不表示视频类知识付费产品都可以获得良好的发展空间。你必须要有“爆点”。例如你的视频付费知识在感官、视觉（第一印象）上给用户带去什么高价值和高营养的东西。找到这个点最关键。

例如英语在线教育或者课堂，会把“口语”“日常交流”“托福”等关键词作为卖点提炼出来，吸引人们购买学习。你技术再深，没有把视频的“卖点”提炼出来，恐怕也无法获得用户认可。

需要严格遵守制作标准

用户付费观看你的视频，花费的是他整片的大段时间，所以我们必须要充分保证内容质量。想要做到这一点，就必须严格遵守制作标准，见图3–3。

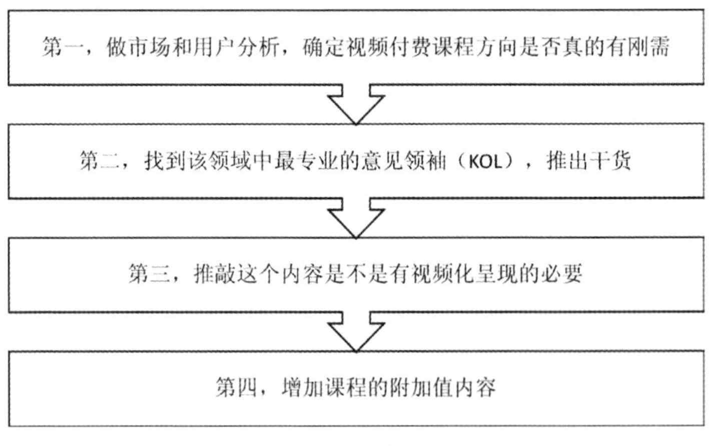

图3-3 视频付费制作的标准

第一，做市场和用户分析，确定视频付费课程方向是否真的有刚需。

随着知识付费的崛起，我们千万不能以为随便一个技能就可以通过视频来变现，你还必须要符合市场发展。换句话说，你要迎合用户口味和需求，如果用户需要的恰恰是你擅长的，视频付费就会为你带来丰厚的变现。如果你的擅长不是用户需求，你的视频做得再华美也无济于事。即便如此，我们可以通过市场调查和分析，把你的擅长包装成为用户喜欢的方式。

第二，找到该领域中最专业的意见领袖（KOL），推出干货。

视频付费没有音频付费门槛低，要做就要做好，否则很可能会给用户带去不好印象，打消用户的积极性。所以，我们在进行视频制作时，最好找到行业内的意见领袖做引导。这样不但在名气上可以吸引用户，还可以在前期打开用户的积极性。

在选择和判断KOL时，社会知名度和业内口碑成为重要判断标准。社会知名度可以从微博粉丝量等方面获知，业内口碑则要通过跟业内专家接触并听取专家意见后决定。例如河森堡、丁一晨等被大众熟知的名师或较有社会知名度的青年导师。

第三，推敲这个内容是不是有视频化呈现的必要。

有些知识产品没有必要或者不需要用视频来呈现，我们就应该选择其他的方式呈现，而不一定非要视频表达。

第四，增加课程的附加值内容。除课程内容本身外，为增加用户黏性，还需要增加课程的附加值内容。

打个比方，用户花99元买了这门课程，在宣传页就能获知课程内容，但是我们在线下还可以给用户提供一些其他活动，还可以推出一些衍生品，这些都是附加值，可以吸引用户持续购买，做无形宣传。

视频录制的精细要求

相较音频制作而言，视频制作的成本较高。我们知道，音频平台的音频录制工具相对简单，成本投入也较小，知识产出者甚至在家就可以录音，录完后返回给平台，剪辑后，加入片头片尾的声音、音乐即可。

但是视频录制要求比较高，一般生产流程如图3－4所示：

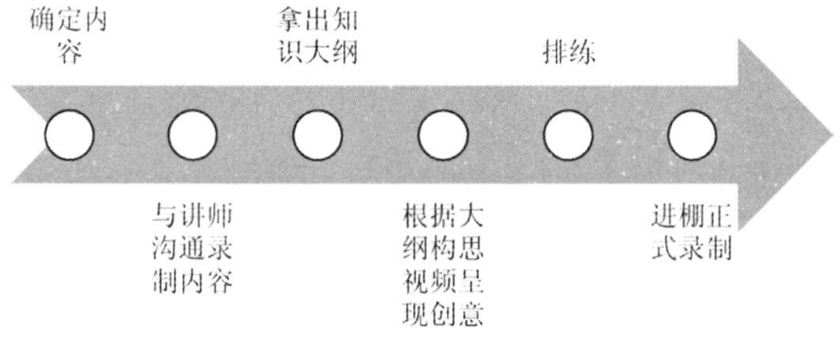

图3-4 视频录制生产流程

在这个环节中，录制之前的创意构思比录制本身更为重要，也就是如何呈现你的知识。

打个比方，我们要做一门历史学的课程。历史学的内容如果只是老师在视频中讲课，呈现相对枯燥。如何来有创意地呈现呢？我们可以加入一些漫画的内容，以及嵌入影视剧中的视频资料来进行制作。所以，类似这样的精细化制作需要我们细心考量和选择。

此外，在视频付费产品的定价上也需要细心决策。

关于课程的定价，很多行业专家认为一开始的视频付费产品定价相对盲目。与音频类知识付费相比，视频付费的成本要高出很多，但如果定价太高又会对用户产生门槛，获客率将变低。所以，在视频付费的定价上，我们应该更加灵活。

例如推出一些产品包，5集、7集、9集产品等。我们首先要核算视频专栏的大概成本，然后考虑不同的定价分别卖到多少份能回本，再计算在什么渠道售卖能获取足够的用户量，同时还要估算用户对视频专栏内容的意愿和承受能力。只有综合这些元素，最终才可以确定一个合理科学的视频产品定价。

直播载体：最具趣味互动性的在线知识载体

知乎、分答、微博、微信等各大平台纷纷接入知识付费，做付费课程、付费内容、有偿问答等形式实现内容变现。那么直播呢？直播平台也开始加入了知识付费的大军。换句话说，你可以开一场付费的直播。例如下面这个场景。

场景描述：在微信公众号内接入直播频道，用户付费观看，即用户付费后，再返回直播的观看页面。

场景应用：在线教学类的课程、在线教育类网站、个人做微信的收费直播。

直播载体最大的特点就是可以和用户随时随地互动，在这个互动中与用户建立情感，拉近距离，用户对主播形成黏性。

选择适合自己的平台做直播付费

直播平台有很多，但是我们不能盲目选择，要根据自己擅长的知识和技能，选择适合自己的平台。例如下面这个案例。

一名大学音乐教师，为了将自己的音乐知识输出变现，选择了Finger App进行直播教课。先来看一下Finger App这个平台。

2015年圣诞节，张桐和团队打造的在线音乐教育平台Finger App正式上线，可以说这是一个专业的音乐在线教育平台。

在课程设置上，Finger既有与音乐学院合作的免费PGC（专业生产内容）课程，也有音乐教师提供的付费直播课程，此外还有工具、社区和商城板块。截至2017年年末，Finger用户有1000多万，月度活跃用户200万，入住教师超过500位。这位大学教师就是其中一位成员。

这位教师的初衷就是希望用互联网的产品技术和运营去提升音乐教育的效率，为人们提供更专业的音乐需求，而Finger App恰恰合适。所以，一拍即合。此外，在这个平台的用户也大都是喜欢音乐的年轻人，所以不像市场中那些杂乱无章的综合性直播平台，用户在Finger App可以有针对性地选择自己喜欢的专业老师的课程。

直播场景很重要

既然我们选择做直播付费，那么就要选择在一个无中断WiFi的环境下进行。此外，还需要对直播的场景有一定的要求。

例如你开通的是咖啡制作直播。用户花钱来到你的直播平台，想要看的是如何制作咖啡，因此，你首先就要选择在安静的场景中直播。当然，你可以加入一些柔和的背景音乐，陶冶用户的情操，让用户在一个完全放松的情况下观看直播。

其次，你还需要注意的场景是专业化。没错，你直播的内容是制作咖啡，你的场景就应该在专业上体现出来，例如制作咖啡所需要的专业工具，你的制作屋的环境，你的咖啡杯的质量，你的设备，等等，这些都需要在直播中有所呈现。

第三，你的个人形象。个人形象也算是场景的一部分，包括你的助手或者其他伙伴。你需要给用户呈现一个阳光、健康、积极的个人形象，这样才能激发用户继续观看下去。而且这也体现了主播的个人修养和品位，做得好可以给直播加分。

在直播中适当与用户保持互动

直播做知识付费最重要的一点就是可以和用户随时随地保持互动，拉近情感距离，让用户对主播形成黏性。因此，在做直播输出知识时，主播必须要注重和用户的互动。

在直播过程中，主播和用户互动时可以遵循下面几个原则：

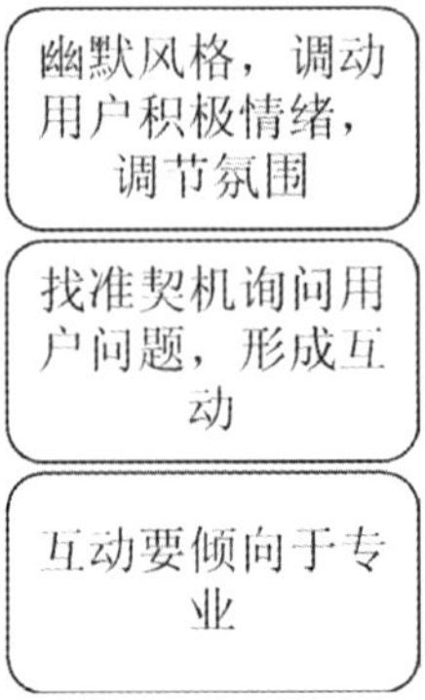

幽默风格，调动用户积极情绪，调节氛围

找准契机询问用户问题，形成互动

互动要倾向于专业

图3-5 主播和用户互动时遵循的原则

第一，幽默风格，调动用户积极情绪，调节氛围。很多主播虽然有很多技能知识，但直播时，为什么就不能吸引用户呢？因为他不够幽默，不懂得调节气氛。所以，你必须保持幽默风格，在直播时，可以和用户开开玩笑，用轻松的口吻来讲述知识点。

第二，找准契机询问用户问题，形成互动。在做直播时，气氛进行到一个尴尬的点时往往会陷入“冷场”。这样对整个直播的效果影响很大，所以主播需要找准一个契机，适当询问用户问题，以此来形成互动。这样既可以调动用户积极性，还可以让用户感受到主播的亲和力。

第三，互动要倾向于专业。知识付费毕竟是以知识为主要前提，如果你在直播中与用户互动时过于通俗或者娱乐化，那么用户会觉得你在哗众取宠，甚至会觉得自己花钱来听直播，学的是知识，不是听你讲段子，也不是听你说娱乐八卦。所以，你的互动还应该倾向于专业问题，让用户在互动中感受到专业的力量。

直播答题

很多个人想要用直播的方式来获得知识变现，不一定要采取在镜头前直播，还可以在相关知识付费的平台上进行直播答题。

我们以知乎Live为例。在知乎Live中，主讲人可以推出一些问题，这些问题往往是社会、职场人的热门问题和痛点。针对这些问题，主讲人会现场答题。用户可以付费参与其中，然后再观看或者收听主讲人答题的过程，对一些观点喜欢可以点赞和收藏。这样不仅与主讲人形成了一个互动，为主讲人积累了粉丝和流量，用户也可以获得所需要的知识点。

图3-6 知乎Live中主讲人直播答题简介

图3-7 知乎Live直播答题的页面

例如下面这个知乎Live的直播答题：提升专注力的四个方法。主讲人是胖子邓。在页面上有关于胖子邓的介绍以及这个问题的相关介绍。

用户可以点击立即参与，只需要支付9.99元即可立即参与观看胖子邓的答题过程（图3-6、图3-7）。

主讲人获得的粉丝和点赞也可以在页面中体现出来，为主讲人积累在知乎Live的经验值和知名度。这样的方式也是很多知识达人直播变现的一个良好途径。

图文载体：平面上的知识商店

从理论上讲，只要眼睛不被占用，不管是多么零碎的时间还是大片的整体时间，都可以看图文内容。图文载体有其独特的优势，尤其是在那些不适合发出声音，不适合戴耳机的场景，例如上课、工作、开会之余，等等，在这些场景中，不适合戴着耳机听。这些场景往往占据了我们大量时间。因此，在这些场景中，就特别适合图文这样的载体进行知识付费的操作。

图文载体的呈现主要是平面化的内容呈现，换句话就是对用户进行视觉上的刺激。

读者阅读时，会处于一种主动接收信息的状态，可以根据内容的难易和主次程度，合理地分配阅读精力和阅读速度。根据最新的脑科学研究表明，“亲自阅读”有三个好处。

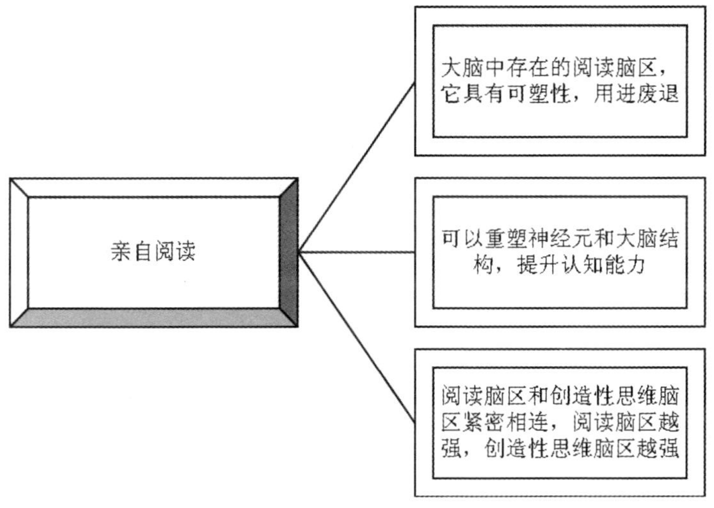

图3-8 “亲自阅读”三个好处

当然，这需要图文载体的内容质量有很好的保障。知识付费产品因为生产周期短，更新频率高，内容生产往往不堪重负，所以图文载体的方式下，必须要呈现更多的优质内容资源。

图文知识付费必须要解决三个问题，才能获得知识付费的成功。这三个问题也是图文载体的操作内涵和精髓。

第一，图文要呈现“想读，却不知道要读什么”的内容。

“想读，却不知道要读什么”，这是很多用户最常见的问题。其主要的表现场景是，当有人问你“最近有什么可以推荐的内容”的时候，你并没有说出来的内容。

所以，图文载体必须要呈现出让用户可以思考的内容。有一个知识付费的平台中的图文内容很有特点。

该企业挑选了多本知名的图书，然后每周邀请这些图书的作者或者著名的评论人分享此书的内容。分享的不是提炼干货，也不是经典名句，而是分享作者的心得、写作方法以及这本书对本人的改变等。

这些内容都是通过文字的形式表现出来，用户可以在这些内容中找到独特的价值点，进而判断这本书的好坏，判断这个知识的精髓。有了这样的呈现，用户就知道了自己所读的内容是什么，而不是囫囵吞枣，看完一本书一无所获。

第二，呈现有特定目的的需求内容。

图文载体想要赢得用户认可，还需要呈现出有特定目的的需求内容。

图文载体的用户往往必须要具备高度的集中力和精神。因为只有这样，他们才能有耐心阅读下去。他们有一颗好奇的心去探索人生，所以，图文呈现时，一定要呈现有特定目的的需求内容。

例如，你的图文需要一定的主题。这个主题必须是用户需求的，而且这个主题要有明显突出的目的，让用户一目了然，想要阅读。

例如这样一篇图文“摄影技术最主要的三个点”。这个图文的主题就很清晰，定位准确，喜欢摄影的用户就会付款阅读。

第三，呈现让用户可以掌握和运用的知识。

很多用户往往阅读完一篇文章之后，发现并不能从中获取可以掌握或者运用的知识。

这样一来，用户就很自然地认为自己白花了钱，下次不会继续付费购买。因此，怎样才能让用户读懂、读透是一个重要问题。

有一个知识付费产品邀请了“首席领读官”加入其中，用户付费之后，在首席领读官的带领和陪伴下，每天以定时、定量的节奏，完成指定的阅读任务，并把读者的收获用测试题、思考题、日记的方式输出，逐渐内化到自己的知识体系，或者带来行为的改变。这样就很完美地解决用户无法掌握和运用知识的问题。

图文载体需要PPT和精练的文字做支撑

图文载体，顾名思义就是图片和文字的表现形式。在知识付费的竞争下，如何用图片和文字获得一席之地，需要借助PPT和精练的文字做支撑。

首先是PPT，一份可以让用户值得付费的知识产品，必须要专业，这种专业首先就体现在PPT的制作上。知识产出者必须要善于制作PPT，可前往相关的PPT的网站购买模板，例如包图网等，购买之后就可以轻松地制作出个性化、创意化、精美化的PPT。PPT的使用，可以让用户在阅读文章时，更加快速掌握意思和内涵，能够节省用户的时间，也能在逻辑上有一个清晰的排序。

其次是文字，文字必须要避免啰唆。用户花钱看你的文章，最不想看到的就是通篇的大道理或者空话。所以，在文字上要尽可能突出实实在在的干货，让用户阅读时，有深刻的满足感。

在文字的编辑上要遵循以下三点原则：

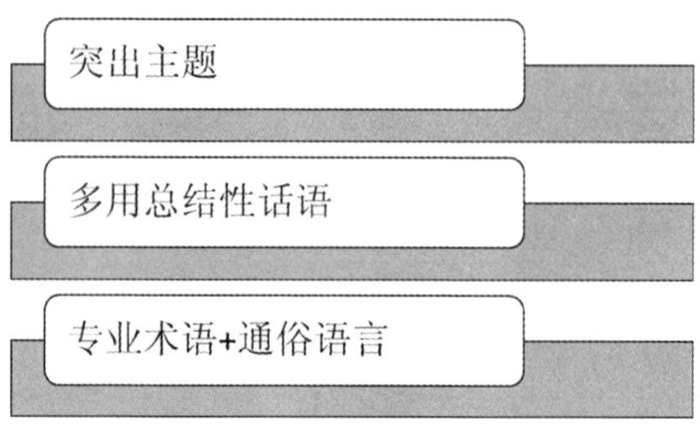

图3-9 文字编辑上遵循三点原则

第一，突出主题。文字上首先要突出主题，否则你的文章再丰富多彩也无济于事。主题可以快速抓住用户的眼球，牢牢吸引用户。

第二，多用总结性话语。总结性语言体现出了作者的功力，可以将一些复杂啰唆的话语，用一句话的形式总结出来，让用户阅读起来更加轻松，同时也会对作者产生深深的敬佩之情。

第三，专业术语＋通俗语言。作者还应该突出专业性，所以加入一些专业术语或者概念，更能体现出深度。此外，不能一味使用专业术语，这样会造成用户阅读的抽象疲惫感，所以适当结合通俗语言更有说服力。

第四章

平台渠道：搭建适合自己的知识电商平台

一个小白想要通过知识变现来创业，最关键的一点就是选择正确的平台渠道。当下知识付费平台有很多，以知乎、得到、在行、喜马拉雅 FM 等为代表的平台吸引了众多人的关注。这些平台有其优势，但也会从你的盈利中抽取分成。因此，搭建适合自己的知识电商平台就成了主流趋势。

知识电商小程序让知识变现更快捷

小程序是微信推出的一款不需要下载安装App客户端即可使用的程序，它实现了应用“触手可及”的梦想，用户扫一扫或搜一下即可打开应用。主体类型为企业、政府、媒体、其他组织或个人的开发者，均可申请注册小程序。

对于开发者而言，小程序开发的门槛相对较低，难度不及App，而且它能够满足简单的基础应用，适合生活服务类线下商铺以及非刚需低频应用的转换。小程序能够实现消息通知、线下扫码、公众号关联等七大功能。

小程序知识付费的前提条件

通过公众号关联这一功能，用户可以实现公众号与小程序之间相互跳转。

很明显，知识付费时代下，小程序也为很多知识创业者青睐。2018年，小程序已支持知识付费。在小程序中可以开通下列功能：

(1) 展示知识内容（图文、音频、视频）；

(2) 展示知识专栏；

(3) 买家可以在小程序中完成内容/专栏的购买和查看。

创建小程序操作知识付费时，需要满足两个条件：

第一，小程序升级到v2.4版本及以上；

第二，小程序微页面中增加知识付费的内容/专栏组件。

例如“马老湿”（一名创业专家），他在小程序“众创思维”中加入了自己的知识付费专栏，为用户讲述创业的诀窍（图4-1）。

这个知识付费产品价格99元，但是为了吸引用户，新用户是免费的，所以新用户打开小程序可以免费领取价值99元的“每天听见马老湿”的知识付费产品（图4-2）。

图4-1 “每天听见马老湿”知识付费新用户优惠券

图4-2 “每天听见马老湿”知识付费

这样的方式在很大程度上吸引了用户的关注，截至2018年5月初，“马老湿”在该小程序上已经进行了218期的课程，期期都是好评如潮。

小程序知识付费注重用户体验

小程序虽然门槛较低，但是却不能忽视用户的实用感，因此，只有在小程序上把用户体验做到极致，才能够让用户真正爱上你的小程序上的知识付费。

“汽车大师问答”（“汽车大师”旗下小程序）也是早期加入知识付费赛道的小程序之一。2018年1月初，上线4个月的“汽车大师问答”小程序宣布用户数突破100万。

“汽车大师问答”是怎么通过知识付费来连接和服务用户的？用小程序做知识付费，效果怎么样？又有哪些值得借鉴的经验？我们看一下“汽车大师问答”创始人付航的阐述。

付航认为，“汽车大师问答”之所以有现在的成就，主要是因为把握住了用户的体验。

在“汽车大师问答”上，有13万专业技师，再加上人工智能，力图把用户体验做到极致。

“汽车大师问答”借助人工智能技术，为车主提供在线付费问答服务。

“汽车大师”公众号已经把汽车问答做到了头部，而更加便捷快速的小程序刚好是连接用户的最佳场地，于是“汽车大师问答”就顺着使用场景直接（把业务）切到小程序。

这个小程序可以成为车主身边靠谱的用车顾问，“汽车大师问答”把需求方（车主）和服务方（专业技师）连接起来，通过人工智能提高问答的效率，让车主用车更简单。

（1）小程序知识问答必须要符合碎片化时间特征，对服务要求高

对于“汽车大师问答”这款小程序来说，无论是奔驰车主，还是奥迪车主，无论是中午有问题，还是晚上有问题，只要他们来提问，小程序上的每个技师和专家都能保证快速、准确地回答问题。因为在该小程序上的专业技师是24小时在线，在10分钟之内必须要回答用户提问。

图4-3 “汽车大师问答”小程序

这种专业的服务和符合碎片化时间的操作，是小程序知识电商必须要掌握和具备的。

（2）人工智能和小程序匹配

在用户和技师的匹配、问答的精准性这些方面，“汽车大师问答”还通过人工智能把问题结构化，让机器人代替人工回答。

对此，该小程序建立了三个维度。

第一维度是连接人与人，“汽车大师问答”小程序的人工智能会给用户打标签、做匹配、提高服务效率。

第二个维度是通过挖掘数据沉淀，可以直接通过人工智能回答很多问题。

第三个维度是通过人工智能赋能维修技师、赋能商家，更好地服务用户。

“汽车大师问答”小程序的这些方式也值得每一个欲做知识付费小程序的人学习。小程序必须要从自身优势出发，以用户体验为目标和基础，结合公众号和小程序，形成知识付费的交易闭环。

公众号做内容，小程序做商业

公众号在未来会承担更多展现内容的功能，但公众号里面越来越多的链接会被换成小程序，小程序会承载更多的商业功能，尤其是在知识付费兴盛的时代。

我们以十点读书为例，在其公众号的每篇文章中，都有音频，但是，很多用户在后台反馈，锁屏后音频就不能播放。

但是如果使用小程序就可以很好地解决用户的这一痛点，在“十点读书＋”小程序中，不仅有良好的视觉体验，播放音频时直接在桌面显示，用户体验非常棒。

事实上，“十点读书”针对不同的领域，上线了四款小程序，大致如下。

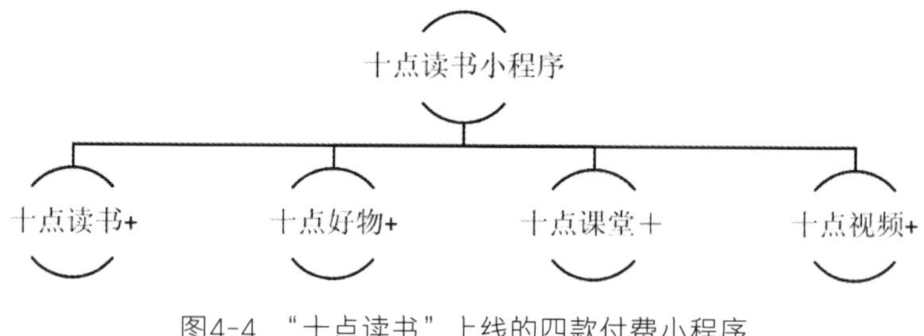

图4-4 “十点读书”上线的四款付费小程序

例如“十点课堂＋”，在这个小程序中，用户可以购买更多的课堂产品，涵盖了英语、古诗词、社会、职场、励志等各个类型。用户可以选择自己需要学习的部分，然后付费在小程序上进行学习（图4–5）。

图 4-5 “十点课堂＋”小程序

这些知识付费的分类，给用户提供了更多元化的服务，在内容方面，不仅可以读文，还有电台和视频，可听、可看。另外，“十点好物＋”更能满足用户的文化消费需求，可以购买更多的衍生品。“十点课堂＋”满足的是用户学习、提升自我的需求等。

这种以公众号做内容、小程序做知识付费产品的商业模式值得每一个知识创业者学习和借鉴。但是前提必须要先做好公众号内容，积极引流，用口碑和优质的内容打通用户的需求，然后才能顺利引流到小程序，让小程序的知识付费道路走得更加顺畅。

微信公众号知识变现

微信公众号已经风靡微信，几乎每个企业、品牌、自媒体都有专属的公众号平台。在这个平台上，可以推出产品宣传、广告，也可以卖商品，做小游戏，总之，微信公众平台已经成为品牌营销不可或缺的主要平台。

知识变现时代，公众平台的作用也不能小觑。真正高明的知识创业者早已看到了公众号平台的利益，实现了公众号知识变现的操作。下面看一下具体的操作模式。

为付费做引流平台

有影响力的公众号，例如“罗辑思维”“papi酱”“十点读书”等品牌，他们已经不是一个简单的微信大号了，他们是一个超级品牌，即使没有了微信公众号同样是大V。而大多数的公众号对腾讯的微信仍有比较高的依赖度。这些公号受制于腾讯，但是换个角度，这个平台也给他们很多机会，其中之一就是引流。

例如你在得到、知乎、喜马拉雅FM有自己的知识付费账号，定期推出自己的付费产品，那么为了获得更多付费用户，你就可以通过公众号来推广，做引流工作。

我们只要有一定的影响力，粉丝达到一定的数量，就可以采用这种模式向知识付费平台做引流。

付费社群变现

“微信公众号＋社群”是一种知识变现的新模式，就像是你开车必须有驾照一样，即使做不了付费社群，也需要把公众号的粉丝转到社群里，社群的互动交流是公众号无法达到的。

当然，这需要知识创业者建立一个微信社群，在这个社群中分享知识，甚至推出更多的课程培训等。然后连接公众号，让社群和公众号绑定在一起，实现双向引流和变现。

公众号文章赞赏

微信公众号最直接的变现方式之一就是文章赞赏。在订阅号中，只要获得开通原创功能之后很快就可以获得赞赏功能。如果你拥有足够多的粉丝，输出的文章质量较高，赞赏收入也是一笔钱。

如果你的公众号是新开的，就没有原创功能和赞赏功能，不过也不用担心，现在微信官方已经全面放开了原创保护功能，只要你持续不断地发布原创的文章并保持一定的密度，通常坚持三个月左右就可以拿到原创保护功能。拿到原创保护功能之后，再发布几篇带原创的文章并打上原创标，一个星期之后你就可以拿到赞赏功能了。

在这里要提醒一下，个人类型和公司类型的账号都能获得原创保护功能和赞赏功能。但是，公司类型的公众号即使拿到了原创保护功能，很少能拿到赞赏功能。如果你的账号是个人类型的，并且已经获得了原创保护功能和赞赏功能，请谨慎选择是否要升级认证为公司类型（部分老账号可以升级认证），一旦升级，就会丧失赞赏功能。另外服务号比较特殊，服务号可以拿到原创保护功能，但是一般不会有赞赏功能。

微信公众号开通付费链接

微信公众号平台上虽然不能直接做知识付费，却可以嵌入付费链接，让用户一目了然，通过你的微信公众号平台付费购买到需要的知识。

第一，嵌入公开课。

“鬼脚七”作为一个自媒体大咖，他的个人公众号中就嵌入了付费知识产品，在“牛气学堂”板块中，点击“1元公开课”进入公开课界面（图4–6）。每周三晚上8点，平台会邀请一位电商领域的知名讲师在线分享课程，用户可以付费直接购买。例如2018年5月2日，用户直接点击“1元公开课”购买“4步教你玩转淘抢购”公开课。

图4-6 鬼脚七公众号“牛气学堂”付费链接

图4-7 鬼脚七公众号公开课

这是第一财经资深分析师、阿里学院资深讲师雪貂的公开课，用户购买之后，通过直播的方式在规定时间内打开直播链接，观看课程（图4-7）。

第二，嵌入付费直播通道。

在公众号中还可直接嵌入直播通道，用户点击之后，需要付费才能进入直播间观看。这样的方式也直接带动了流量和利润。知识创业者可寻求第三方接入直播通道，开启直播付费服务。

如下面这个公众号，用户点击直播，即可进入直播通道，但是需要付两个学币才可以进入直播间观看（图4-8）。

图4-8 公众号付费直播间

微信公众号付费会员

微信公众号内还可以直接接入付费会员，用户通过付费订阅的模式来获取知识付费产品。当然，前提是你的公众号做得有声有色，并且有一定知名度。例如鬼脚七这个自媒体电商公众号。

在鬼脚七微信公众号中，点击“牛气学堂”中的“牛气会员”，即可进入会员开通界面，用户交费可开通一年的会员（图4-9）。

图4-9 鬼脚七公众号付费会员

牛气会员价格为4980元，有效期为一年，从订阅开通的当日开始，为期一整年。

截至2018年5月3日，已有1030人订阅。

牛气学堂会员享受五大权益：

权益一：享价值9930元付费课，包括名师系列课和主题课；

权益二：1年线上课程免费学；

权益三：1年更新课程免费学；

权益四：牛气学堂会员社群资源与服务；

权益五：2018年会员线下活动门票。

对于线下活动门票主要包括活动门票和线下学习卡。牛气学堂将电商领域顶级的讲师请到线下，每个月邀请一位讲师针对某一个领域进行线下培训。学习卡学员可在一个自然年之后享受牛气学堂10次线下课资格。

通过会员的权益，吸引更多用户付费加入其中。这样就能很好地实现公众号的知识变现。

搭上抖音平台，引流变现赚取知识外快

随着知识付费的发展，很多人在知识付费的通道上开启了直播。付费直播开始出现，例如知乎Live、红豆Live、豆瓣时间，等等，均为付费直播。付费直播已经成为知识变现的标配。

但对于一个知识小白来说，流量就是金钱。没有流量你的知识很难变现。这时候需要我们搭载各种直播、视频平台来引流变现，抖音就是一个最火爆的引流变现平台。

抖音平台做知识付费引流

我们首先要了解抖音平台对知识变现引流的重要性。

截至2018年8月，抖音是最火的短视频发布平台，也是各大App商店中下载排行第一的客户端软件。很多人把抖音当成娱乐消遣的工具，但是抖音中不乏月赚10万的个人知识变现者。为什么会出现这样的现象？因为这些知识达人都懂得一个道理——互联网赚钱的公式：流量＝金钱。

只要有了流量，变现根本不是问题。抖音，就是一个坐拥超级庞大流量的平台。

我们可以在抖音上运用一些小技巧，获得相当大的一部分流量，有了流量，知识变现就变得容易多了。

虽然对每个普通用户来说，在抖音发布一条视频，限时15秒，但是对于知识变现达人来说，15秒足够了。下面看一下抖音短视频平台的特点：

- 人数：不封顶。
- 门槛：低门槛，只需要简单注册，然后发布视频即可。
- 技术：抖音平台自带各种视频软件，简单易学。
- 定位：音乐和创意。用户选择一段有意思的音乐，再通过舞蹈和剪辑来创作一个有意思的短视频。拍摄的约束也严格控制在5～15秒，增加了创作的难度和挑战性，也保证了视频内容不拖沓，质量相对精良。
- 用户群：20～29岁的年轻人。
- 分享：一键分享到微信、微博等社交平台。
- 内容留存：知识内容会永久留在服务器。
- 视频展示：视频、文字、PPT、音乐，等等。

此外，在抖音平台中还有大量挑战赛、话题，还可以直接链接自己的店铺和产品页面功能。所以，如果你想要快速获得流量，实现知识变现，抖音平台是一个不错的选择。

每天坚持发视频，用心吸粉

想要在抖音上获得百万粉丝，必须坚持每天发视频，用心经营自己的抖音号，只有这样才能吸粉，获取流量。

一位叫“博思英语”的抖音主播在抖音上开启了英语教学的视频发布。这是一位美女英语讲师，每天都会在抖音上给粉丝讲述学英语的技巧。她的方法很独特，利用故事情景的方式，配上唯美的音乐背景，向粉丝展示英语交流的魅力。

例如她发布的一个视频，主题是“要是朋友这么跟你说……不要觉得自己错了，开不起玩笑……”这个抖音视频在短时间内获得了13万点赞，有4000人转发。

图4-10 博思英语的抖音短视频获得13万点赞

该抖音主播利用这种独特的方式在视频中展示了英语发音的魅力，表达出了利用英语交际时应该注意的问题。此外，主播还在评论中与粉丝互动沟通，成功吸引了一大波流量。截至2018年7月底，这位英语讲师的抖音粉丝已经累积到228万人。

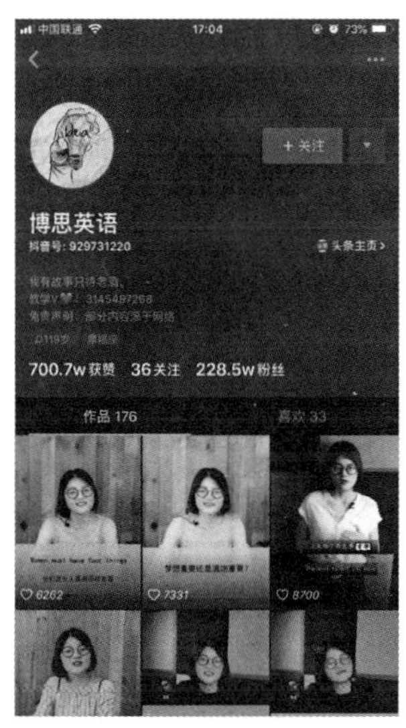

图4-11　博思英语抖音拥有228万粉丝

正是这种坚持和用心，博思英语在抖音上非常火爆，只要在抖音搜索“英语”，该抖音主播就会出现在前三名的排位上。

该案例也给很多知识变现的人一个启发：坚持发视频是吸引粉丝的保障和前提。

当然，想要在抖音吸引粉丝，还应该注意一些小细节：

（1）每天在晚上黄金时间（20：00—22：00）发布视频

更加有效；

(2) 发布场景视频更吸引人；

(3) 主播亲自亮相，真诚做视频，拉近与粉丝距离；

(4) 选择背景音乐时，需要结合视频场景的需要。

将变现转化模式引入抖音

抖音除了吸引粉丝之外，还可以为知识变现者实现批量转化。当你的粉丝对你发布的视频有了依赖之后，就会不满足于15秒的视频，从而想要获得更多有价值的知识。这时候，就到了利用抖音实现转化的关键机会。

最重要的一个技巧是在抖音页面中加入转化方式，如在抖音的主页介绍中，添加微信或者微博账号。将粉丝引入微信或者微信群，然后直接实现知识产品输出。看下面这个抖音号的做法。

“每日学Ps”是一个教Ps的抖音号，简单来说就是教大家一些Ps的知识点。该抖音号将每一个Ps的知识点切割成一段短视频，坚持发布，吸引了大量粉丝。可以说，这个操作过程十分简单，每天仅仅需要更新一个15秒的短视频即可。

通过页面，我们可以看到其Ps教学的视频点赞数非常可观，每个视频几乎都有几万的点赞，该抖音号的粉丝也高达64万人（图4-12）。

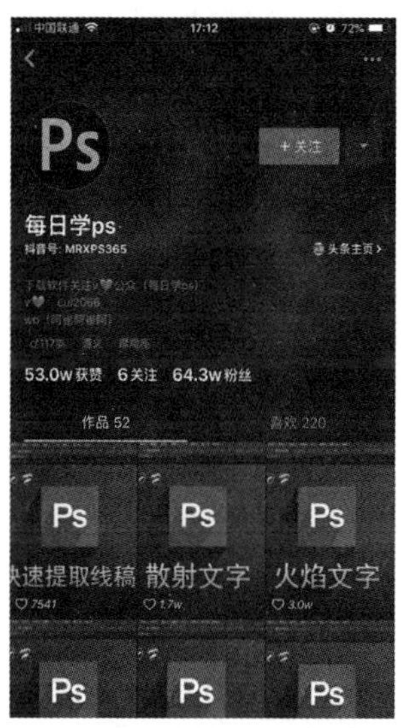

图4-12　“每日学Ps”的抖音页面

当该抖音号吸引了一大波粉丝之后，就在页面中加入了微信和微博账号。通过这些联系方式，我们可以知道他是如何变现的。

首先，该抖音主播在朋友圈中发布“Ps全套教程＋CDR全套教程”，价格只需98元。就这样，他成功地将抖音的批量粉丝引入到微信中。

其次，该主播不仅卖Ps教程，还扩展CDR等其他软件的知识服务业务。

整个引流变现过程几乎是零成本，而且利润丰厚，用户付款之后只需要主播分享网盘的链接即可自行下载。

这就是抖音引流和变现的全流程模式。无论你是哪方面的专家，甚至是知识小白，都可以借助抖音这个火爆的短视频平台来快速引流变现。

根据自己的知识性质选择适合的平台

知识付费是未来的大趋势，也是个人用知识赚钱的一个方式。

首先我们要选择适合自己的平台。

知识付费产品主要分为两种类型，分别是平台型产品和工具型产品。其中平台型产品主要是以得到、喜马拉雅FM为代表，而工具型产品中的代表有短书、小鹅通等。

流量型平台

流量型的平台包括喜马拉雅、得到、知乎Live、分答等。

流量型平台本身就坐拥大量用户，这也是得天独厚的优势，但同时也是一把双刃剑。作为流量入口，它一方面为内容输入者提供了用户，另一方面也为用户提供了大量类似的服务内容，从而一定程度上和商家、自媒体产生了竞争关系，用户可能最终属于平台，对商家、自媒体就失去了黏性和依赖。另外某些平台接近50%的分成比例可能会对一些中小商家造成打击。

流量型平台，相对知识创业人员来说，利弊同在，并且有可能弊大于利，因为在平台中流量是共享的，在众多的内容课程比较之中，用户往往会挑选性价比较高或者知名度大、内容质量好的产品。这部分产品恰恰会被一些大咖、大V控制。因此，对于商家、自媒体而言，发展起来会比较困难。

工具型平台

工具型的平台包括短书、小鹅通等SaaS（软件即服务）型工具。

工具型平台是一个技术提供商的身份，提供的是技术支撑与运营解决方案。

对于知识产出者来说，创建一个完全归属自己的“知识店铺”，在这个店里面，一切内容都围绕作者打造，从根本上杜绝了潜在的利益冲突问题。对于付费用户来说，其使用模式类似小程序：只需扫一扫，即可完成订阅、收听、购买等一系列操作，让这一流程变得更轻量化。

使用工具型平台还可以避免出现付费利润被打折的长尾现象，因为如果是长期使用流量型平台的话，你的课程所产生的利润是会被平台所折扣的，经过时间的不断积累，到最后所损失的利润会变得十分巨大，所以从长远的角度来看，工具型的平台更适用于知识付费的课程。

例如小鹅通平台。平台的初衷是让自媒体在短时间内能够打造属于自己的店铺。我们也可以这么认为，这里面所有的内容都是知识创业者、自媒体人，通过小鹅通后台上传的，这里面所有的系统布局、组建，都是小鹅通提供的，后台数据也在小鹅通后台，方便查看和管理。

小鹅通可以帮助大家在网上开课、售卖，实现知识变现，功能很多。你还可以在空闲的时候操作，只要简单地上传内容，设置好海报、文案、价格等信息，就可以进行推广、收钱。

例如你准备好内容，然后上传整套的课程内容，专门设置一个专栏，专栏内容可以在几十篇左右。

又如你设置整套知识产品定价为100元左右，放到小鹅通上面，然后以40%的分销放在新榜上推广，十几天就会有大量用户进行购买阅读。

对于小鹅通课程内容选择有一个方向，根据小鹅通大数据的显示，截至2018年1月，小鹅通女性用户的比率较高，总用户达到2800万，其中有250万属于付费用户。

根据男女付费的方向数据来看，女性更愿意为“文化”类内容付费，而男性掏钱买的更多是“财富”类内容。

通过了解这些数据和内容，我们可以大概了解到在小鹅通做内容付费应该选择的方向，以及要定的价位。

如果是推广女性用户方面的，以文化、学习、教育教程之类的为主；推广男性，以财富赚钱类的为主，文化次之。选择好这些之后，接下来就是推广问题。

根据知识形态来选择平台

如果你是一个知识创业者，你精心准备了大量的高质量内容，这类内容更倾向于一种单向输出，如价值观输出、培训教育等内容，因此使用工具型产品平台更好。用户可以通过订阅短书的专栏从而汲取精华内容，或者开启试看试读功能，在认可内容质量的基础上再进行付费。转化率相对更高一些。

你的知识如果是偏向娱乐化和生活化的内容，那么此类内容以UGC为主，更适合时下的网红IP以直播或者问答互动的付费模式进行，付费用户能够以相对低廉的价格获取内容，比如说微博的付费问答就是大家比较喜闻乐见的。

你的知识如果是一对一线下约见的内容，那么得益于内容输出者本身的职业（比如说技术专家、职业规划师等），想赚点外快，不打算做任何的知识内容留存，可选择O2O咨询或授课的形式。

简书、知乎，斜杠青年们的最佳选择

如今，斜杠青年越来越多。什么是斜杠青年？“斜杠青年”来源于英文Slash，出自《纽约时报》专栏作家麦瑞克·阿尔伯撰写的书籍《双重职业》，指的是不再满足专一职业的生活方式，而选择拥有多重职业和身份的多元生活的人。

这些人在自我介绍中往往会用斜杠“/”来区分不同职业，如安东尼，作家/美食家/花艺师/设计师。很显然，这是一种高度创新和学习的方式。

斜杠青年既然拥有一身本领，自然而然会想到要进行知识变现。对斜杠青年来说，知识变现最重要的一点就是选择合适的平台。简书、知乎就是他们最适合的变现平台。

简书写文章变现

首先介绍一下简书这个平台。

简书是一个创作社区，任何人都可以在其上进行创作。用户在简书上面可以方便地创作自己的作品，互相交流。简书成为国内优质原创内容输出平台。

知识产出者可以在简书上享受沉浸式的创作体验，随时随地可以进行创作，同时支持离线保存。简书还支持私信、打赏、评论、点赞等社交功能，也支持专题汇聚文章功能。

所以，对那些满腹才华但却又无处施展的斜杠青年来说，简书是一个很好的赚钱平台。你的文章、图片都可以发送到简书上，用户可以为你打赏。

（1）参加简书故事比赛，赢取奖金

简书会不定期推出大奖赛，知识产出者选择参与，发表文章，就有机会获得大奖。例如2018年4月23日，简书推出了“¥200,000现金寻找好故事”大奖赛（图4-13）。

图4-13 简书的故事比赛

这次大奖赛也是简书自成立之后的规模最大的征文活动，并且此次所有参加比赛的文章均以付费文章形式发表，简书准备了高达20万元的现金奖励，只为寻找最具价值的短篇故事。

所有的知识产出者都有机会。第一，报名即可获得付费权限；第二，创作故事，故事字数在6000～30000字，题材不限，文章需要设置成为付费文章，定价5元以内；第三，将文章投稿到比赛专题板块。

（2）写小说，用户付费阅读

如果你有文学才华，但又不想每天被编辑催稿更文，那么你完全可以在简书平台选择创作。在简书，有一个“故事精选”板块，在这里有大量作者创作自己的小说，用户可以付费选择阅读。

（3）写短文变现

简书中有一个“文章精选”板块，知识产出者可以选择为自己的文章设置付费，用户如果想要阅读，就需要付费。文章涵盖范围广，包括职场、热点、散文、科技、校园，等等，大都是实用性干货文章，一般定价在5元以内。

（4）知识精选变现

如果你是一个系统性的知识产出者，即你的知识形成了一种体系和结构，那么还可以在简书的“知识精选”板块中投放，让自己的知识系统变现。

例如知名写作专家高浩容在简书的“知识精选”中有一套自己的创作叫“笔力：学习叙事治疗，迈向作家之路”，这套知识一共有14篇文章，用户想要观看，需要支付16.99元。

图4-14 简书知识精选变现之“笔力：学习叙事治疗，迈向作家之路”

这样的方式可以帮助系统化的知识产出者获得更高的收入。

（5）写文章获取赞赏

最普通的一种知识变现方式，就是在简书上写文章，获取用户赞赏。如果你的文章是免费阅读的，那么可以开启赞赏模式，点击量的提升和文章内容的优质，都会让你的赞赏越来越多。这样的方式也值得每一个斜杠青年尝试。

总之，作为斜杠青年利用碎片化时间将知识变现的最佳平台就是简书。

知乎答题变现

知乎是一个使用率极其高的平台，一开始人们会在知乎上寻求大神来解答问题，随着知识付费的兴起，知乎也成了知识变现的良好平台。

在知乎中有一个“市场”板块，点击即可发现里面有更多的知识变现渠道和路径。如“Live小讲”“私家课”“书店”“无限计划”“读书会”，每一个路径都是斜杠青年知识变现的好选择。

（1）Live小讲

在这个板块中，通常是一些垂直领域的专家开通的话题，例如著名钢琴家郎朗的专栏“郎朗亲述：弹琴30年，音乐教给我的事”，用户需要支付9.99元，即可收听郎朗为你送上的“Live小讲”（图4–15）。

图4-15 Live小讲

再比如专业从事健身的陈柏龄，也开设了一个“Live小讲”，给用户带去“一小时，了解最适合自己的健身类型”，用户需要支付19.99元来收听等。

（2）私家课

同样是垂直领域的高手和知识产出者，在这里，需要注意的是，这些知识产出者通常是指知名度较高，有一定体系的知识产出者。他们的私家课往往费用较高，但是内容质量绝对有保证。如果你也有类似的知识体系，也可以进行录制，上传自己的私家课，然后等待用户的付费订阅，如图4-16中所列课程产品。

图4-16 知乎变现之私家课

（3）书店

顾名思义就是知乎推出的电子书销售平台，用户可以支付费用购买实用的电子书。

（4）无限计划

知乎推出了“Live无限计划”，邀请各领域的大咖入住这个平台，每天更新精选的优质内容，用户只需要支付259元，就可以获得这个计划的会员通行证，享受上述待遇（图4–17）。

图4-17 知乎变现之无限计划

因此，只要你也拥有某领域的知名度，也可以入住这个无限计划，成为知识变现的一员。

（5）读书会

读书会是知乎推出的会员专享权益，用户支付198元的年费，就可以和大咖一起读书，百位大咖为你领读，更有大量电子书免费阅读等。因此，当你的知识有了一定的阅读量和流量，你也会成为领读大咖的一员，那么也会获得知乎平台的变现分成。

搭建有声读物平台，形成多维付费模式

知识变现已成为互联网领域关注的焦点之一，且互联网的阶段性发展促使投资者把注意力转移到互联网的“内容”层面，其中“声音”的价值也越来越凸显。“声音”不仅是人工智能（AI）的入口，也成为目前知识变现最为便捷的一种路径。为保障产品线齐全和对用户多元需求的尊重，“有声读物”成为媒体内容生产领域有待开发的新蓝海。

所以，知识创业者还可以搭建自己的有声读物平台，形成多维变现模式。

有声读物是依托于纸质媒体或数字媒体中的文字符号进行有声化再创作的艺术形式，其中包含不低于51%的文字内容。有声读物产业是一种行业业态，也是内容与多媒体平台融合、内容与渠道并行的变现新模式。

有声读物来源

在知识付费的当下，有声读物的主要来源为三部分：数字图书出版、电子媒体、互联网原创。

数字图书出版领域的发展，音频功能的附加手段日益便捷，有声读物或者表现为独立市场价值，或者成为出版物的一种辅助，拓展了数字出版的全媒体生产线。

电子媒体主要涵盖广播媒体的讲座、小说连播、广播剧、评书和电视媒体的散文、读书节目等。

互联网领域主要为听书网和各类应用终端。

有声读物越来越成为人们阅读的新宠，广播有声读物与新媒体融合的速度在加快，广播媒体的内容生产优势明显。2017年12月2日，“懒人听书”与中国传媒大学、北京人民广播电台共同主办“首届全媒体有声读物互联网应用高峰论坛”，旨在打造学界、业界交流合作的平台，推动有声读物评价体系的建设。

与广播、电视有声读物不同的是，作为数字出版的有声读物有自己独立的渠道和以内容为主体的直接变现模式，这也是有声读物获得发展的根本所在。在全民大阅读时代，图书能够从传统出版向数字化转型再到全产业链发展，是因为内容是可以重复利用的资源，内容经过深度开发、整合后能跨媒体传播、多样化经营。有声读物便是对内容价值拓展的有效方式。

社交媒体下的有声读物

以微博、微信为代表的社交媒体凭借音频的高附着性迅速成为有声读物传播的另一个途径。在这方面做得比较成功的有“罗辑思维”“凯叔讲故事”“工程师爸爸”等。这些自媒体做到了图文阅读与声音阅读随意切换、高度融合。同时，这也是有声读物平台知识变现的典型代表。知识产出者以微博或者微信为平台搭建了有声读物渠道，这些有声读物的内容涉及图书朗读与评介、作家访谈等，其社交功能、社群效应得到凸显，粉丝增长迅速。

我们以“凯叔讲故事”为例，看一下，这个有声读物平台是如何成功的。

凯叔通过微信公众号搭建了一个有声读物平台，用户关注之后进入凯叔讲故事的微信公众号页面。

有些短故事，是免费的，用户点击即可收听有声读物。但是，大部分成体系的有声读物产品都是收费的。例如“凯叔·三国演义”，在这里，凯叔推出了价值199元的320集的三国有声读物产品。此外，还有凯叔倾心打造的13集特辑“三国名人小传”，凯叔运用独特的方式，幽默、风趣、诙谐地演绎三国，让孩子听得懂从而爱听该产品。

图4-18　“凯叔·三国演义”有声读物

为了吸引家长们付费，凯叔还在有声读物中加入了一些正能量，例如在有声读物“凯叔 · 三国演义”中，凯叔为用户打造出了情商塑造、性格培养、学习典故诗词等内容，让孩子摆脱三国的厚重感，从而汲取到更加实用的人生哲理。

为了更好地打造有声读物的变现，凯叔还在平台中开设了“优选商城”，在这里销售更多的知识产品。例如“随手听”板块中，有大量的有声读物产品，例如价值369元的“凯叔西方经典童话”（图4−19），价值249元的“凯叔西游记”，价值198元的“小诗仙”，等等。

图4-19 凯叔西方经典童话随手听产品

截至2018年4月底，凯叔讲故事的微信公众号粉丝超过1400万人，凯叔也通过公众号打造的有声读物平台获得了非常可观的收入。

用户希望定制特色的有声读物

有声读物已经成为当下人们渴求知识的一部分，有声读物会越来越火。但是知识创业者千万不能盲目，而要从消费者角度去了解有声读物的深层次搭建。

调查显示，小说故事、小品相声、诗歌散文这三类成为消费者最喜欢的有声读物类型。此外，文学、新闻时事、历史演义、财经金融、时尚等也成为消费者愿意消费的有声读物范围。

越来越多的用户认为，为优质的有声服务付费是值得的。

从客观方面来说，人们之所以会越来越接受有声读物，出于如下原因，见图4-20。

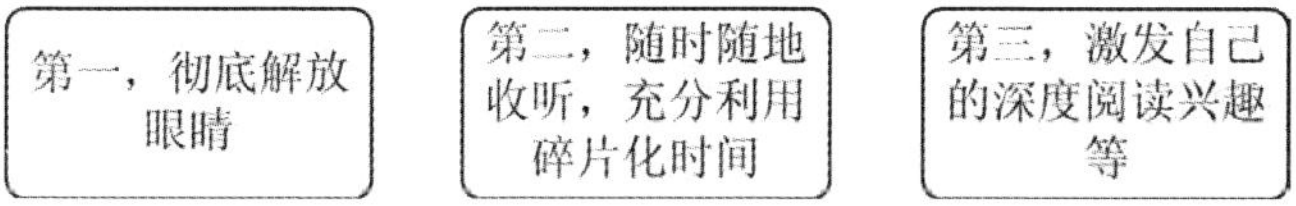

第一，彻底解放眼睛	第二，随时随地收听，充分利用碎片化时间	第三，激发自己的深度阅读兴趣等

图4-20 人们越来越多接受有声读物的客观原因

然而，有声读物虽然较多，但质量参差不齐，真正高质量、值得听的内容还不够多。更多用户愿意接受定制的有特色的有声读物内容。

因此，知识创业者在搭建有声读物平台时，在内容的选择上要多下功夫，站在用户角度思考内容来源，推出符合用户需求的有声读物才能真正火爆。例如凯叔针对小朋友的声律问题，推出了“凯叔·声律”每天3分钟，给用户带去中国优美童谣，体会国学之美。这部分有声读物特别适合幼教，因此，有这部分需求的用户就会有针对性地付费收听。

如果你有能力，最好开发一个专业的App

在知识付费平台渠道中，我们知道有很多知识创业者通过各大知识付费平台输出知识，以此来变现。但是这些方式，不可能让知识创业者百分之百地实现变现，因为平台也需要一定的收入分配。所以，很多有能力的知识创业者往往都会开发适合自己的知识付费App。

先来看一下，2017年知识付费平台的现状是怎么样的。

视频方面：截至2017年年底，爱奇艺已拥有付费用户2000万，大家付费观看节目已经成为主流。正因为如此，才出现了很多网络自制剧。

语音方面：喜马拉雅FM推出一份网络语音课程“好好说话”，上线24小时，销售额就破了500万。分答、罗辑思维等跟进，市场瞬间被引爆。

图文方面：以罗辑思维的得到App为代表，《李翔商业内参》20天销售额破千万。北大教授薛兆丰的知识专栏，年入上千万。一年时间，罗辑思维的总收入就超数十亿。

当然，还有网易云课堂、知乎Live、千聊、荔枝微课等知识分享平台……

通过第三方工具来制作知识付费App

说了这么多，重点来了，那就是我们更多普通的知识创业者也可以有机会涌上知识付费这股浪潮，例如借助第三方工具不需要任何编程技术，自己就能够通过这些工具和软件来制作App（例如应用公园），就可以快速制作付费阅览类的手机App。

在应用公园中，无论是图文、视频、问答类知识付费App，都可以轻松制作，此外还支持整体打包收费、指定专题打包收费及单条内容单独收费这三种不同收费模式，满足不同运营方式的需要。

通过应用公园，只需要在后台对相关的视频、图文信息进行填充，就能极速完成制作，无须浪费排版时间。而且应用公园还推出了多款知识付费的App模板，可以直接使用一键完成付费阅读App的制作。

类似应用公园这样的第三方工具，具有以下特点：

免编程，功能控件式拖拽，轻松上手；

独立的运营管理后台，实现前后台数据同步。

制作了App之后，应该如何运营知识付费App平台呢？

（1）名人效应：现阶段的知识付费平台，有名人助阵会更加有人气。比如王思聪、罗振宇、papi酱、马云，等等。

（2）粉丝运营：内容经济最重要的就是对粉丝进行管理，例如果壳旗下的资深用户、罗辑思维的数千万粉丝、喜马拉雅FM的海量用户，等等。

（3）爆款内容：与淘宝店类似，要想打出品牌，打出知名度，爆款是必不可少的。开发了App之后，前期可以通过精细化打磨出优质的产品，吸引核心用户后，再通过其他内容进行不断地拓展。

（4）可以与自带流量、粉丝的培训机构、自媒体、传统媒体、线下社群、大V等合作，共享流量资源，共同做大做强。

知识付费App有一套成熟运营套路

罗振宇的罗辑思维在知识付费方面做得有声有色，一开始是公众号、社群，聚集百万粉丝，每天60秒语音，聚集了大量的粉丝之后，罗振宇开发了属于自己的知识付费App——得到。

得到在知识付费平台的趋势下，做得非常成功。事实上得到App是在罗振宇有着成熟的自媒体运营经验后发起的自媒体和大佬入住的分享平台，一个App能否比别人做得好，能否在市场上游刃有余，核心的因素还是在于运营。

罗振宇成为得到的CEO之前已经有成熟的运营套路，从罗辑思维的优酷视频同优酷独家签约已经囤积了流量资源，再到微信60秒也囤积了大量资源，之后更得到了深圳卫视的大力支持，这些都让罗振宇在知识付费领域上有了成熟的经验。

罗振宇的得到App套路，还不仅仅停留在分享经济上，还不断推进用户购买书籍，很多人受到罗振宇的影响，走向了自己的人生巅峰。

他囤积了大量的流量之后，开始在App平台上卖书。所以罗振宇的知识付费，在自媒体领域中做得不仅有经验，而且也有一套自己的变现模式。此外，他还投资了很多自媒体。

他搭建得到App之后，将他以往的用户引入平台，慢慢加入了付费知识概念，完成了整个移动App的生态链的布局。其次吸引了很多大咖加入，例如罗永浩、郑也夫、刘嘉等，从而丰富了平台的内容，给用户提供了多元化的服务，自然就能吸引更多人。因此，得到App通过大咖带动流量的运作也就不成问题了。

从罗振宇的得到App来看，知识付费的App运营需要几个操作前提，如图4–21。

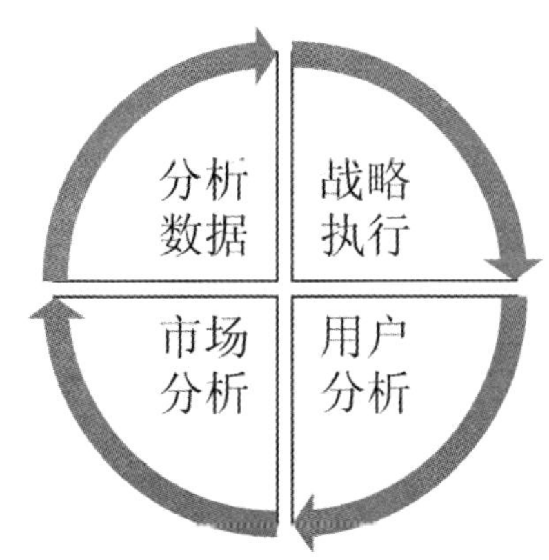

图4-21　知识付费App运营需要的前提操作

除此之外，运营商更多的还需要不断地去摸索一个行业的规律，在以用户为基础的前提下，实现更好的操作。

第五章

流量为王：流量才是知识付费的命脉

但凡涉及互联网的商业模式，都需要流量，因为流量就是市场，而无流量的产品很快就会淹没在市场中。所谓流量为王，在知识付费时代，流量也成了知识付费的命脉。想要万人点击、百万订阅，需要从流量自身的价值说起，定位、分析、借流、做出差异、合作、爆文写作等一个不能少，从而实现知识付费产品的引流工作。

流量价值＝人数×频次×时长×有效性

怎么把流量变成钱，是互联网的传统话题，特别是知识付费时代，流量价值是最重要一个因素。创业者必须要做的就是搞清楚相应的变现逻辑：流量价值＝人数×频次×时长×有效性。

有趣内容接入人数和频次

我们先来说一下人数和频次，人数和频次在有人口红利的时代是争夺的焦点。所以，我们才会发现有那么多的免费应用App。这些App不停地给用户推送有趣的内容和新闻，希望以此来拓展流量。

因此，想要获得知识付费的点击人数和频次，就必须推出更有趣的内容。在这里，内容是绝对的前提。

实际上，流量运营一定要依托IP，也就是内容。流量本身是没有价值的，流量对应的内容才有价值。

有专家说过："流量和电是一样的，电本身是没有意义的，正因为有了电灯、电脑、电视等各种电器，电才有意义。"

所以，如果你没有内容，就算用户的网速再快也是无意义的。

流量市场的火爆是依托内容而发展的，这也是为什么很多运营商自己做流量运营做到死都比不过微信上线一个功能来得快的原因。这就是内容的魅力。

现在的流量销售就是单纯把流量卖给用户，怎么用是用户的事情。虽然之前有运营商和App商谈了专属流量，比如QQ音乐专用包之类的，但是从整体来看，这样做的效果并不好。

其原因有二：

第一，接入决策流程太长，效率下降；

第二，场景太小众化，无法满足用户需求。

互联网上App市场长尾效应严重，在头部的微信、淘宝等根本不需要用流量刺激用户使用，尾部的应用用流量刺激用户使用，用户也不会埋单。

再回看运营商。运营商现在销售的流量基本上都是月流量、季度流量，但是如果是互联网公司一定不会这么做，因为把高频需求直接做成了低频需求。而且这种流量的售价没有场景且不便宜，用户不愿意埋单。

解决方法一定是大额的小时流量。用户为什么要流量，因为要看内容，特别是视频类的内容。用户看视频内容的时间是非线性的，也就是看剧的时候流量会飙升，但是现在主流流量产品是线性的。这种用线性流量去匹配用户的非线性的视频需求明显是不合适的。那如果用小时包呢？

举个例子，用户想追剧的时候，只需要花5块钱购买一个流量包，就可以看一天，用户就会很喜欢。用户会为了看一个剧去特别开一个视频网站的会员，自然会为这个而开一个便宜的流量包。这种产品一定是只能在互联网上推广的。

借助这波IP大热的“东风”，许多做知识付费的创业者也一定明白应该怎么做。推出一些有趣的内容的同时，需要给用户推出优惠、实在的“流量包”，让用户可以在你的平台上进行长久的付费。

用会员制打通时长

知识创业者还要明白一个原理：一个会员可以贡献的收入是免费用户贡献收入的20倍以上。这也成为各大知识付费平台纷纷推出会员服务的原因所在。

商业模式、用户体验、内容质量，长期以来都是造成知识付费尤其是移动音频的铁三角，知识创业者为了夺取流量，有必要通过塑造自身优势来实施会员制。

看一下下面几个平台的做法。

2018年“4·23读书日”期间，知乎、得到、喜马拉雅FM、蜻蜓FM、好好学习（今日头条旗下知识付费产品），纷纷推出了会员服务。

付费会员模式从提出以来，各大知识付费平台就在用户、版权方、平台的三角关系当中不断寻找属于自己的节奏，希望借助内容消费升级风口和IP势能实现跨越式发展。于是，头部IP抢夺战的激烈程度令人咋舌。

在这次的“会员战役”中，知乎读书会、蜻蜓FM、喜马拉雅FM、好好学习等纷纷亮出了自家部分IP和大咖资源，把超多存量

IP和新增IP绑定在一起，以极具性价比的价格卖给用户。比如，喜马拉雅FM推出的是一季度49元会员福利，蜻蜓FM则推出了会员买一送一的优惠活动。这些平台如此做的目的无非是想要占据流量时长，增加流量价值。

我们先来看看各家的会员权益：

在营销路径上，IP本身就是用户为会员埋单的最大动力之一；而头部内容，尤其是超级IP内容会在一定程度上引发“马太效应”。在互联时代，口碑传播的综合成本相对低，一个好的音频付费内容能瞬间刷爆朋友圈，像得到App推出的“梁宁产品思维30讲”，喜马拉雅FM平台上的“余秋雨中国文化日课”“首席经济学家管清友的投资课”，蜻蜓FM新上线的“方文山的音乐诗词课”“许知远：艳遇图书馆”，等等。

这些会员活动让所在平台积累了流量时长和提升了价值，这成为很多知识创业者借鉴的地方。

精准服务打造有效性

事实证明，有效、有目的、有意识地使用，才能进一步提高流量的价值。

然而有些知识付费的App或者知识产品，总会诱导用户不小心点开，这样虽然能获得点击，但是价值不大。因为这些应用并没有给用户提供精准服务，用户点击之后很快就会放弃。

如何找到精准人群呢？例如母婴内容的精准用户就是时尚辣

妈、准妈妈等人群；营销训练课的精准人群往往是销售人员、营销人员等。

换句话说，你的知识付费必须要让用户觉得有价值、实用。这样的内容，用户才会持续付费和使用，流量的有效性也就体现出来了。

定位：明确自己的知识付费发展段位

得到、知乎Live、分答等知识付费平台的快速发展让更多个人和中小企业意识到了知识变现的重要性，他们也开始在知识付费的道路上加快经营的脚步。

当下是一个流量社会，任何产品、平台没有流量就没有销量。所以，作为知识创业者应该把重点放在获取流量上面，首先就要学会定位，从定位的角度明确自己的知识付费发展段位。当对自己的知识付费发展有一定的客观认识之后，才能够从自身出发去解决问题，从根本上获得流量。

从自身因素和市场因素选择定位

为什么同样的内容，两个知识付费项目的收入会完全不同？有些知识产品，每天都有大量用户访问，付费听课，而有些类似的项目，用户寥寥无几，流量差到了极点。很多老板百思不得其解，最终很可能把很有前途的知识付费项目做“死”了。

这主要的原因就取决于产品定位。

就目前来说，很多涉足知识付费的老板对知识付费的定位概念还比较模糊，他们并不了解这个定位到底是根据自己的产品来定位用户，还是根据用户来定位产品。实际上，不同角度的思考方式，带来的结果也是千差万别的，有些定位不仅仅是产品因素和用户因素，从细处来看还有不同知识付费项目涉及的参考因素。

所以，很多老板往往只知道跟随知识付费的大趋势往前走，殊不知，没有定位的知识付费迟早会被淘汰。

我们简单总结一下，知识付费定位需要看的几个重要因素。

第一，市场因素。

当前知识付费的整体发展状况，以及各大平台发展趋势和模式。对于这些，知识创业者必须要全部了解。

第二，你所做的类目因素。

明确你自己所做的知识付费项目属于哪个类目？例如，人文艺术讲解、营销技巧课程、才艺培训、雅思通关，等等。

第三，自身资源。

明确自己的知识库，如何实现开发和获取等。

对于前两者，知识创业老板还可以通过市场数据调研来获取；对于第三点，完全需要企业自身去整合开发。

专攻一个点，打通知识定位

有很多人看到了知识付费的火热，于是在各大平台进行了知识创业，企图用更多的知识来包围付费平台。事实上，这样的方式不但零散，更不会带来流量，只能慢慢消失。

想要获得流量，必须要具备前期的努力，而这个努力就是对知识的定位，也就是专攻一个点。

在行（知识变现平台）的第一行家Angie在2016年利用知识付费模式一年收入超过300万元。她是怎么做到的？

事实上，Angie的起点很低。她拥有的学历只有普通二本，毕业后成为一名公司的客服，从最底层的客服做起，月工资只有2000多元。

后面几年，她拼命工作，成功做到了公司最顶尖的客服，收入也持续攀升，然而尽管她能力突出，却因为学历的原因迟迟不能晋升，而且她也不想一辈子当一个客服。于是她果断辞职了。

辞职之后的Angie开始读书和学习。2015年—2017年，Angie继续大量读书、写作、上培训班，同时做一份互联网运营的工作，还要带小孩。在这个过程中，她开始尝试着把自己学习到的知识在各个平台分享、讲课，却有了非常意外的收获。

一开始，是去各大平台讲课，每次讲课都能收到几百块的打赏。一个月累积起来也有几千块。2015年，她开通了在行账户，提供一对一的付费咨询服务，一开始定价仅有59元一个小时。为了做好这个知识付费项目，她不断专攻互联网营销方面的内容，一有时间就学习，并持续发表文章。

2015年12月，开始有平台向她约稿。

2016年1月，Angie开通了自己的个人公众号，并且通过付费课程的方式，月收入突破10万，流量更是突飞猛进。而这时候，她在在行的约见费用已经飙升到799元一个小时。

2016年，可以说是Angie华丽蜕变的一年。在短短一年时间里，她通过知识变现的方式，年累计收入超过了300万，成为在行全国第一行家。

Angie的成功告诉我们，只有明确自己的定位才能获得成功，而这个定位首先来源于你对知识的获取，专攻一个方向，让自己成为这个方向的专家，这样你就会有大量的粉丝关注，人们在你这里得到了帮助，自然会为你增加流量。

所以，一定要看清楚自己的知识发展是在哪个道路上，找到这个道路，然后专攻于此，用这种方式打开自己的定位，也就等于打开了知识变现的流量通道。

明确知识付费项目侧重的方向

你想要通过知识付费获得流量，就先要明确你想要做哪方面的知识付费项目，并且明确其发展阶段。换句话说，你的知识在当前更侧重哪个方向？是侧重付费变现，还是侧重获取增量用户？

首先，在你拥有一定忠诚用户的前提下，你需要尝试进行变现。例如你是一个专为中小企业打造品牌影响力的团队，团队内部有大量的实操工具。这时候你应当把这种工具类知识变现。工具类产品的特点在于功能更丰富，可以更好地满足你不同的知识形态，其带来的转化率也会更高。

例如“咖袖帮”就是一个专注工具类知识产品的机构。它因为意识到了自己的发展阶段和定位，然后推出了三个不同层次的工具产品，专为中小企业实现品牌化操作。从基础到高级定制，每个版本提供的工具功能也不同，基本能满足不同用户的需求。这样的操作就会为有所需求的企业带去帮助，同时也为企业带来大量流量。

其次，如果你当前还处在推广、增长粉丝这个阶段，就应该针对如何增长粉丝、拉动流量这个方向展开知识付费操作，如实行自媒体的有效推广、宣传引流等。

分析：结合内容形式分析平台和工具

当我们确定了知识付费的定位之后，接下来就要实现将内容输出变现，这需要结合自身的内容形式以及分析各个平台的差异，去选择真正适配的平台以及合格的工具。

中心化较强的流量输送

罗振宇的得到App中，有一个非常鲜明的特点，那就是中心化非常强，对每一个知识产出者（讲师）的包装专业到位，因此，这样的流量输送就非常明显。

换句话说，如果你的知识体系聚焦的是头部内容，并且有一定的知名度，就可以选择得到这样的App平台，输出知识，获得流量。

在这方面，李翔和他的团队做得很好。

李翔在得到App中，有一个专栏“李翔知识内参”，订阅量达到百万，流量非常大。

图5-1 “李翔知识内参”栏目

他和他的团队为什么能够得到如此大的流量呢？因为他本人就是一个每周至少阅读20万字的终身学习践行者。此外，他的知识付费产品均针对专业职场知识，可以说定位的是当下知识付费群体中的主力群体。

在得到中，李翔的栏目介绍文案如下。

> 每天被生产出来的知识那么多，你根本看不过来。今后李翔和他的团队将以多年积累的敏锐洞察帮你做筛选。其中包括：帮你扫描全球各界精英、各大媒体的新演讲、新分享、新研究、新报告；网罗牛人的新思考、新感悟、新发现、新创造；为你提供独家深度采访和关键话题的复合视角。每期超过50个小时的精心准备，让你用10分钟左右的时间了解全球知识的精华和新动态。
>
> 在这个专栏中，你将得到：每天10分钟左右高浓度知识音频。用极简的方式向你传递正在出现的新知识，涵盖商业、科学、科技、心理、管理、个人成长等各个领域。给你解释清楚一个话题。对象可能是一位牛人、一个概念、一个模式、一本书，等等。
>
> 适宜人群：
>
> 希望随时同步全球新知识的人；
>
> 需要短时间得到精华知识的人；
>
> 终身学习者。

因此，“李翔知识内参”从某种程度来说，较为中心化，聚焦的是当下新概念、新知识，可以说是主流化的知识付费产品。主流化的知识产品自然会得到主流的流量。

碎片化、故事化的知识产品，以音频为流量输送

熟悉喜马拉雅FM的用户都知道，为什么用户喜欢喜马拉雅FM，因为它主要内容形态以音频为主。因此，作为知识产出者，如果你的内容故事性比较强，天然就适合以音频为主形态，或者直播录音内容的分享，此时应选择喜马拉雅FM这类平台和工具做知识付费。

一开始，进入知识付费领域初期，喜马拉雅FM内部也曾有过犹豫，到底是做图文还是视频直播。在当时，短视频很火，图文很火，他们不知道，用音频的形式做知识能不能火。经过三个季度的实践之后，他们总结出来一个特点，那就是音频一定是知识的良导体。音频也更能在碎片化的时间里夺取用户的流量。

例如2016年6月6日，在喜马拉雅FM上线的“好好说话”，首日限时售价年费198元的课程，一天内共计售出25731套，销售额突破500万。在“好好说话”上线之后，吴晓波、乐嘉、陈志武等也都陆续参与到喜马拉雅FM的音频录制当中。

这说明了什么？说明类似“好好说话”这样的知识付费产品流量非常大，能够吸引大量的用户。

“好好说话”是由马东担任课程总监，《奇葩说》马薇薇、邱晨、黄执中、周玄毅、刘京京等担任主创的口才培训节目。该节目从沟通、说服、辩论、演说到谈判，教给用户一整套应付不同生活场景需求的话术。特别适合用户在碎片化时间来收听，同时，主讲人也会根据很多故事场景进行开讲，因此，这样的知识付费产品特别适合音频输出，也能带来更多的流量。

建立在微信大流量基础上做知识付费

“咖袖帮”是一个直接建立在微信之上的知识付费服务工具，在这里有微信大量的用户群体作为基础。

工具类产品可以为知识生产者创建一个属于自己的“知识小店”。在这个知识店铺中，一切内容都是围绕作者打造的。

此外，我们还可以依附社群来进行知识付费，赚取流量。“五言学社”就是这样一个知识付费的产品。五言学社针对的是英语培训，与其他知识付费产品不同的是，五言学社采用的是社群输出。

群主在前期通过英语知识来积累成员，可以说是一个相当成熟的社群组织。社群成熟之后，开始在社群中做知识付费。利用朋友圈来宣传五言学社的英语培训通知。

图5-2 五言学社微信朋友圈推送知识付费通知

然后通过微信支付缴纳会费和学费，再通过群来进行讲课，方式是语音推送。这样的方式至少可以保留微信社群原本的流量不流失。同时，如果你的内容好，有实用性，也会得到社群成员的主动传播，获得更多新会员和学员加入，从而带动新的流量。

引流：借助大咖的名人效应赚取流量

知识付费产品想要引流，获得更多人点击或者付费学习，应该讲究方法和技术。借助大咖的名人效应来赚取流量是一个最直接的引流方式。

名人自带的流量效应是很多知识原创者可遇不可求的，这里的名人不仅仅是指明星，也可能是一个企业家、IP、作品、知名公司、网红、自媒体，等等。那么该如何利用名人气息来赚取流量呢？

花少量钱“偷听”，然后推出带有名人范儿的知识

在行App中，有一个功能是“偷听”，名人的付费解答，用户只需要花费1个在行币就可以偷听。听到之后，我们可以在其他地方进行转换。例如“秋叶PPT”的一个徒弟曾经花少量钱偷听王思聪解答的问题。然后自己推出一个付费栏目“我能回答王思聪回答的问题”。仅这一个知识付费产品就让他大赚了一笔。

当然，这种方式需要一个前提，那就是抢先。你必须要抢先占领名人答题或者付费产品的渠道，然后抢先在其他平台或者渠道发布自己的知识付费产品，否则，这个做法毫无意义。

借助大企业名气打造专业知识付费产品

为了吸引流量，还可以借助大企业的名气来打造专业的知识付费产品。当然，这个前提是你的内容必须真的与这些知名大企业有关联性。

如下面这个知识产品。在“在行一点”中，有一个课程叫“阿里铁军专家独门商务扩展秘籍”。

图5-3 马晓楠“阿里铁军专家独门商务扩展秘籍”

主讲人叫马晓楠，觅境创始人，文旅CEO，曾在阿里有过8年的职业经验。马晓楠先后任职于阿里巴巴、金山、8848等知名互联网企业，积累了13年的互联网、旅游度假、房地产从业经验。她在阿里巴巴曾任战略合作高级经理，拥有近8年铁军BD（商务扩展）经验，其项目业绩多次排名第一。

因此，她才会推出带有“阿里”光环的职业课程。

这个课程的简介是这样的。

> 阿里铁军是如何炼成的？他们有哪些独特的工作方法？缺少预算、找不到合作方……他们如何克服BD、销售工作中的种种困难？主讲人将近8年阿里铁军BD经验浓缩成系统的六招八法，手把手教你如何在有限的资源下四两拨千斤，有效实现合作目标。
>
> 在这个课程中，你会学习到主要四点内容：
>
> 阿里铁军BD全流程；
>
> 如何抓到合作方的核心人物；
>
> 了解对方的核心需求；
>
> 如何平衡合作中的“给与取”等核心方法论。
>
> 因此，从事市场、商务拓展、商业合作的职场人，并且想要学习阿里BD工作法的用户特别适合付费学习。

马晓楠巧妙借助“阿里”这个大企业的光环，在知识产品中吸引用户关注，成功实现引流，同时，马晓楠在这个课程中也的的确确加入了阿里管理学法则的内容，可以说名副其实。在获得了流量的同时，更能获得用户的认可和传播。

蹭热门

如今很多知识付费的方式都是写文章，赚赏钱。当然，如果没有流量，也就没有赏钱，因此，引流还是最重要的。

为了让自己的文章获得流量，很多知识创业者开始蹭热门。例如借助当下最火热的一些信息、元素来写文章，让人们点击阅读。

如2018年5月初，在简书中，有一篇文章非常火热，甚至几度排在热榜。这篇名为“刘若英把《后来》拍成电影，你怎么看哭了？”的文章，其热度为什么如此高?

第一，借助“刘若英”这个明星效应来赚取流量。但凡是在文章标题中带有明星的文章或者课程，往往会在第一时间抓住人们的眼球。

第二，借助热映电影，蹭热门效应。刘若英首次执导的电影《后来的我们》在2018年5月初上映，一时间在各大社交网站成为热点。因此，这篇文章恰巧借助了这个元素，登上了简书文章的热榜。

事实上，该文章只是一篇普通的讲爱情故事的文章，在情感类的文章里不稀奇。但正因为有了热门电影和明星这个热度，所以，给这篇文章带来了流量，吸引了人们的观看和付费打赏。

因此，想要借助大咖或者名人的名气来获得流量，知识创业者还需要多多关注时尚热门信息和元素，并及时抓住这些元素，巧妙运用在自己的知识付费产品上，只有这样才可以赚取更多流量，快速抢占头部资源。

差异：打造原创独一无二的知识

想要在知识付费领域获得强流量，必须懂得差异化操作。换句话说，你的知识必须与大众讲师的内容不同，最好打造独一无二的原创知识，这样才可以吸引更多人。

在当下自媒体泛滥的江湖之中，原创知识者如何打造核心竞争力实现流量变现，已成为自媒体人需要考虑的关键。

树立自身品牌，打造个人IP

在自媒体圈中大量的原创作者都是抱着一定的理想来到知识付费这个行业的，他们起初投身知识付费领域并不是为了赚钱或者为了成名，为的是一腔热血。

但是随着时间的推移，越来越多的人会发现，自己所热爱的所喜欢创作的东西不一定能被网络认可，面对惨淡的点击量，很多人要么心灰意冷，要么主动转型，向着迎合大众的方向转变，最终的结果是逐渐丧失了自我，最终被庸俗，被埋没。

那到底该如何对待自身？

首先要学会追逐热点，但是并非一味盲目追逐。在网络上追逐热点的大有人在，真正可以赢得流量的往往是能在热点中有独到见解的人，这样的人才能真正脱颖而出。因此，知识创业者需要结合热点，展示个性，发扬风格。

只有具备独树一帜的特性，才能在知识付费的领域中形成影响力。要让所有的读者和粉丝，一想到某个知识点或者领域就会直接联系上你的个人特质，这是囤积个人IP的基础，也是打造个人品牌的基石。因此，知识创业者需要做的第一件事，是树立个人特征，囤积个人IP，打造个人品牌。

选择少量人进入的人群做知识付费

一提起知识付费领域，多数人最容易想到的领域是什么？很明显是职场。如今在社会职场中，很多年轻人欠缺工作经验、人际交往技巧、表达能力、营销经验……所以职场领域，是知识付费的主要区域，而职场人也是知识付费的主要人群。

虽然基数和流量很大，但是无数人分一杯羹，那么结果只能是强者生存，弱者淘汰。如果主讲人知名度不够，知识没有内涵特点，那么这类知识产出很可能只是万千知识付费中的一粒沙，非常不起眼，流量自然不会多。

所以，想让自己的知识有所差异化，赢得流量，可以选择少量人进入的群体做知识付费。这需要满足以下两个条件：

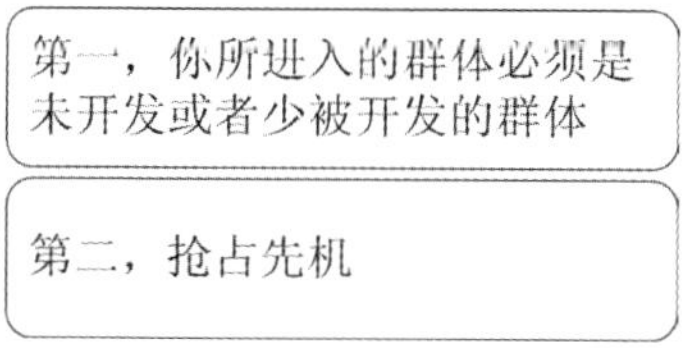

第一，你所进入的群体必须是未开发或者少被开发的群体

第二，抢占先机

图5-4 进入少量人进入的群体做知识付费满足的两个条件

只有满足这两个条件，你的差异化才可以做到位。例如凯叔讲故事。凯叔最开始做的就是儿童读物，利用微信公众号来输送自己的内容，后来在知识付费的大趋势下，凯叔逐渐开通了这个领域的知识付费。再后来，抢占先机，开发了属于自己的“凯叔讲故事”App，专门针对儿童有声读物开展知识付费，并且获得了很大成功，吸引了众多流量。再后来，很多模仿凯叔的App或者知识付费产品，都无法与之相抗衡。这说明，凯叔当时抓住了先机，抢占了该领域的头部市场，将差异化运营到了极致。

付费模式上走差异化路线

如今，各大知识付费平台的产品多数采用的付费模式是会员制和订阅收费，一般一次性地以一年或者一个季度等时间维度区分知识付费内容，并且采取预付费包年包季度等模式。

这种预付费完成之后，再每日进行碎片化的持续的或者一定周期性的付费知识内容交付。

这种模式与过去唱片公司推出“主打歌模式”有些类似。

曾经辉煌的唱片业，主要的营收方式是唱片售卖，而售卖唱片的方法是通过一首主打歌走红，然后带动一张唱片多首歌曲的一次性打包销售。如此一来，自然而然就会导致用户会因为一首主打歌而附带购买更多的歌曲，其中有些歌曲并不是用户需求的，但是却仍然被“捆绑”销售。

这种“主打歌模式”所构成的唱片业的基本商业模式，持续了很长一段时间，直到数字音乐时代的到来。数字音乐时代将每一首歌曲进行单独的数字化，并且以一首歌曲为单位进行独立发行和单独计费已经成为可能，因此“单曲模式”取代“主打歌模式”，成为互联网数字音乐领域较为普遍存在的一种产品组织形式和商业模式。

虽然知识付费领域，很多知识创业者也实现了“单曲模式”，以单条（类似单曲的单一计量单位）知识内容计费售卖，但依然存在打包捆绑销售预付费机制的“主打歌模式”，而且这种方式也越来越成为知识付费的主要变现来源。

长此以往，会出现“知识泡沫”现象，也就是弊端：

(1) 越来越多的知识付费内容的提供，随着早期几期优质内容提供之后，后续内容质量逐渐下降，进一步提升了用户投诉率，降低了用户的期望值，也导致其对于曾经付费购买行为价值的质疑。

(2) 随着日常付费内容推送后，用户打开率数据的逐渐下降，以及一个行业平均水平的出现。这也意味着更多的用户事实上的花费并没有被实际使用，其购买知识付费产品的支出价值会大打折扣。

(3) 越来越同质化的内容出现，暴露出知识内容本身并不见得拥有太多的差异化的先天属性，也导致了用户对于多次消费重复内容产生了质疑。

如此的行业发展现状，虽然让很多知识创业者赚得了眼前的繁荣，但是长远来看，用户对于其付出和得到价值的匹配的感知越来越深刻，这也意味着后续知识付费产品的复购率，以及整个商业模式可持续发展存在巨大的隐忧，毕竟其事实上产生了“泡沫”。

在这种情况下，想要化解泡沫，获得流量，必须要在付费模式上进行革新，走差异化道路。例如推出“7天无理由退货”机制。

2017年下半年，知乎在知识付费领域率先提出对于自己旗下知识付费产品，推出7天无理由退货行动，成为和其他同类的知识付费产品提供商差异化发展的具体动作。

知乎“支持7天无理由退货”，是用实际行动说明了知识付费产品本质上也是一种商品，可以进行售卖，并且可以享受类似实体产品一样的服务。

更为重要的一点是，知乎此举让知识付费领域回归发展的理性，越来越向价值的本源回归，吸引了更多长久的流量。

合作：抱团取暖，走联合作战路线

在互联网时代，知识日新月异，知识创作甚至在以小时为单位，但是任何一个单一的原创者别说以小时，甚至连以天为单位实现内容创作都极为困难。

这样的发展也直接导致大量的自媒体人只能保证一周几次，

甚至更少的更新频率，更新频率的过低不仅无法积累粉丝，更难形成流量，这也是为什么大量的知识创业者只有几百粉丝，却无法发展壮大的原因。

自媒体时代下，早就过了单枪匹马、孤胆英雄闯世界的时代。知识付费时代更是如此，很难再凭一人之力实现大红大紫。知识的持续创新与输出，是对大部分知识创业者的挑战。

我们必须要清楚，当“papi酱”都要用工作室来实现内容输出，连罗振宇都不能以一己之力打天下的时候，个人的力量实在是太过渺小了。这个时候你想要做知识付费，还想获得流量，就必须选择抱团取暖。在形成自身独特风格或者品牌之后，需要知识创业者做出选择——以自我为核心聚集更多知识人，实现抱团。只有这样，才能赢得更多流量。

拿出一份合理的知识创业商业计划书

正如雷军所说，“站在风口，猪也会飞起来”，但是也有人这么说，“站在风口的猪，也可能会被摔死”。

在知识付费的风口，如果你太过单一，很可能会被摔死。因此，你必须要有商业思维，要有商业计划书，而商业计划书其中最核心的一个部分就是市场分析和竞争优势。只有分析到位，你才可以做出一个系统的知识付费模式，这样才能广泛引流。

所以你在做核心竞争力的时候，至少要观察现在互联网有哪些人在做知识付费，其优势是什么，劣势是什么，然后一一盘点。

接着你开始做你自己的优势分析，然后做到“人无我有，人有我优”的境界，你这个领域就容易做成功。这时候，你需要拿出商业计划书，才能找到更可靠的合作团队一起打造强大的知识付费产品，吸引流量。

商业计划书中有几点最为重要。

谁来讲课，资源来源是什么，如何搭建自己强大的知识付费团队。

当你有想法，你需要思考讲师是谁，需要怎样的团队，当团队建设好了付费知识才能建立起来。然后是选择直播还是视频，还是分享文章。而直播找怎样的老师，要求是什么，要有怎样的特点。

至于视频，也要思考谁来给你拍摄，拍摄的视频怎么做到质量上的管控，你需要学习视频拍摄和视频剪辑以及文案的部分，这部分到底谁来操作。

所以当你决定做一件事的时候，商业计划书里必须要呈现出一个强大的知识付费团队，并且呈现出团队成员是如何分工的。做好这些计划，你至少能获得30%的成功概率。

接着下来需要的就是执行，怎么运营团队，包括遇见问题怎么解决，一至三年的计划，这样你就有机会在这个市场中做起来。

总之，把商业计划书做详细了，你才可以吸引强大的合作对象，吸引到了合作对象之后，才能一起把知识付费做大做强，然后一起吸引流量。

与企业、高校等平台合作，推出专属知识付费领域

获得流量的方式有很多种，流量来源也非常广，你不一定要全面掌控，你只需要掌控某一处的流量即可。因此，在知识付费的运营中，我们还可以与一些专属的企业、高校等合作，推出专属知识付费领域。

下列是具体的做法：

> 第一，找到一个或者多个知名企业，了解不同企业不同岗位，分别需要什么样的能力，发现某些能力是通用技能，就重点关注研究（为大量销售知识产品做铺垫）。
>
> 第二，研究不同企业的新人培训体系，学习他们的经验，总结规律，发现其中的缺陷，提出改进方案（为了加快研发课程的速度做准备）。
>
> 第三，知识创业者针对上述两点，开发线上培训课程，更好地符合企业的需求。
>
> 第四，把课程推向高校市场，借助学校的就业指导中心，有组织地将学生团结起来。换句话说，虽然是线上课程，很多时候需要线下集中学习，同时，经常组织学生到企业参观学习。
>
> 第五，与银行或者第三方支付达成合作，让学生在平台上可以一键贷款或者快速购买课程。特别是贷款购买课程的学生，学生毕业后，这些贷款，可以用工资分期偿还。如果

学生足够优秀，招募该学生的公司，可以代其偿还贷款。

很多情况下，学生学习了课程之后，如果进步很大，足够优秀，企业会愿意花钱把课程买下来赞助给学生。这一步非常关键，只有把钱的问题解决掉，才能卖出更高的价格以及卖得更多。

第六，统计学生的所有学习数据，生成测评报告。前期，只能统计学生在平台上的学习数据；后期，与学校达成合作，把学生在求学期间的各种表现上传到数据库。一旦这一步完成，学生们会迫不及待加入这个系统，为自己日后毕业获得更优秀的简历做准备。

学生加入这个系统，就可以为知识创业者带来更多的利润和流量，同时还会获得更多的传播，知名度也会慢慢上升。

文案：一篇爆文让你的流量成井喷式增长

流量可以说是每个知识创业者的根本，它也被称之为点击率或者阅读量，无论哪一种定义，都影响着知识创业者的成功。因此，知识创业者做知识付费的关键在于如何能够赚取流量，变现流量。

如何赚取流量呢？任何一个自媒体人几乎都经历过这样的一个过程：在创始之初，赢得粉丝并不困难，但是增长到一定程度之后，就会陷入一个瓶颈，粉丝量增长有限，而流量也陷入了相应的瓶颈之中。

有经验的知识创业者告诉你，依靠一篇文案就能够引爆流量。如果你的文案被自媒体界的很多人转发，这自然会引发超高关注度，从而实现粉丝数、阅读量的井喷式增长。

知识付费产品的引流思路

想要通过文案吸引流量，首先要区别销售文案与引流文案。

销售文案是产品介绍页的文案，让进入这个页面的用户看完文案有直接购买的冲动。

例如张潇雨在得到App中的知识付费专栏“张潇雨 · 商业经典案例课”。

图5-5 “张潇雨 · 商业经典案例课”

其销售文案包括专栏简介、专栏部分核心模块与案例、专栏作者等，订阅专栏你会得到什么等几个部分。

下面是各个部分的节选文字。

专栏简介：

哈佛商学院的课堂上是没有课本的，100%纯案例教学。因为哈佛认为，商业世界中只有问题，理论由问题而来。必须让学员在具体情境中，刻意练习识别问题、思考问题的能力，自己找到解决之道。

授人以鱼，不如授人以渔。商业研究者张潇雨，和你一起深度剖析商业世界中超过200个经典案例……

专栏部分核心模块与案例：

(1) 优秀商学院受欢迎案例……

(2) 华尔街经典案例……

(3) 经典商业理论……

(4) 杰出企业家的思维方式……

专栏作者：

张潇雨，商业研究者。曾任职于投行高盛，私募基金霸菱亚洲，也是一家创业公司的创始人与CEO。他将从分析师、投资人、创业者的不同角度，深度剖析商业案例。

订阅专栏你会得到（最重要）：

（1）8大知识模块，40家公司200多个商业经典案例，超过260期音频＋图文课程，每周一次问答；

（2）看懂商业与公司案例背后的方法、故事、时代、人性……掌握有价值的商业真知与人生智慧；

（3）掌握经典的商业理论，研究商业的原则、杰出企业家的思维方法，将商业思维变为本能，提升竞争力；

（4）通过对行业、公司、商业人物的系统解读，为你在脑中建立一个清晰的商业版图……

除此之外，张潇雨的这个得到专栏还特别在销售文案中加入了一些课程的更新节选和专栏大纲，吸引用户付费订阅。

下面再来看引流文案。

引流文案是我们发在今日头条、知名媒体平台的知识干货，而这些文案的目的不是成交，而是激发用户的兴趣，让更多人关注你。

我们还是以张潇雨的得到专栏为例。为了吸引更多人关注张潇雨的专栏，张潇雨的团队也会在各大平台发布软文、文案来宣

传。例如一位作者就在一个知名微信公众号平台发布了原创文章《张潇雨 · 商业经典案例课|无印良品》。

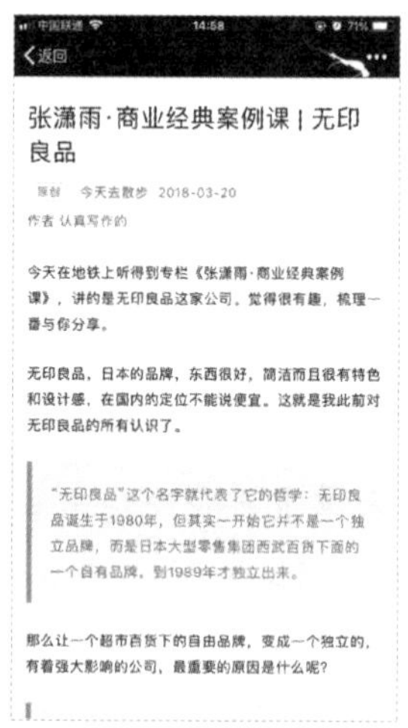

图5-6 关于张潇雨知识付费产品的微信软文

作者以学习者的姿态在文章中阐述了张潇雨讲述无印良品的管理案例，阐述了张潇雨是如何剖析无印良品的管理哲学和运营法则，可谓干货累累，深深吸引了很多用户前往得到关注张潇雨的专栏。

还有一位作者在知名文艺媒体豆瓣平台上，发表了一篇软文《云报销CEO张潇雨：创业公司的本质》（图5–7）。

作者从张潇雨的工作经历和创业历程出发，循序渐进引出张潇雨在管理、创业方面的见解以及得到专栏，也成功吸引了很多潜在用户的关注。

【独家重磅】云报销CEO张潇雨：创业公司的本质

药师

作为学计算机出身的85后，张潇雨本科毕业后加入高盛，负责上市公司股票的交易策略。三年后，他加入了亚洲最大的私募股权基金霸菱亚洲（Baring Private Equity Asia），进行PE投资。两年后，他决定创业，于2014下半年创立云报销，专注优化企业财务流程。

从投资者到创业者，张潇雨曾坐在一张谈判桌的两端，扮演了不同的角色。2014年，他单枪匹马，凭借口（hu）才（you）拿投资到手软，表面是他对投资者心态的精准把握，实际得益于他对创业本身的深入思考。古人云：「未战而庙算胜者，得算多也。」

图5-7 豆瓣中关于张潇雨知识付费的软文

因此，销售文案可能只有一篇，而引流文案可能有若干篇。所以引流文案要达到的目的：就是抓潜，获取用户，吸引用户关注。

引流文案长短须注意

通常产品页的销售文案，需要从挖掘痛点、讲师背景、产品详情等方面去策划，写出来的字数往往两千多，甚至更多。

但是引流的文案是不是也需要这么长呢？如果是软文，可以在三千字左右。但是如果只是引流文案，需要每天更新，一般每篇在一千字左右即可。

也许有人觉得短文案比长文案更容易写，毕竟字数少，事实上不然。正是因为字数少，更需要高度浓缩文字，所以引流文案的语言必须要有穿透力才行。

很多广告人往往在文案上的套路技巧是这样的：重磅消息＋优惠＋行动。

现在大多数的引流文案，也基本都是用这个套路。但是，这种套路被频繁使用，效果也越来越差了。

真正有效的方法是什么呢？

真正有杀伤力的短文案的公式之一如图5-8：

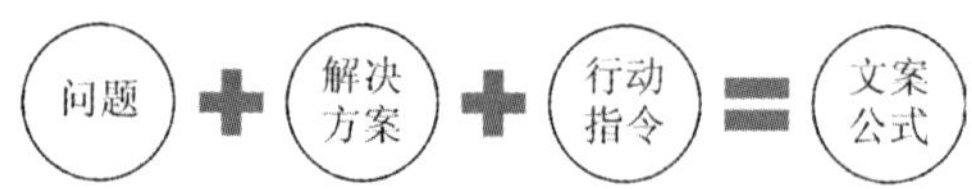

图5-8 有杀伤力的文案公式

例如：还在为无法领悟老板的言外之意而苦恼吗？从现在开始打开喜马拉雅FM×××频道收听专栏，即可获得优惠礼包，10节课让你快速解决职场苦恼。

有些文案需要站在用户角度，例如学习了这些知识之后，解决了哪些实际问题，获得了怎样的体验，等等，这些好处和实用性也能吸引用户。

只要你抓住用户的痛点和问题，写出来的文案一定能够吸引人。此外，在文案中也要记得适当配些图片，截一些课程图或者大纲，如此会更有说服力。

第六章

用户运营：变现永远属于用心做事的人

任何模式下的运营，都应该以用户为中心，正所谓抓住了用户就等于抓住了市场。因此，想要在知识付费市场立足，也必须要以用户为主。知识付费运营必须要本着用户的目的、需求、体验来做，围绕这几点，在细节上做到位，永远真心为用户着想，这样你的知识付费体系才会有价值，才能获得用户的支持和青睐。有了用户的支持，你的知识付费体系就会形成品牌，为进一步变现打下基础。

目的：要以帮助用户积累成长经验为主

知识付费的运营目标是用户，这也意味着我们一定要围绕用户进行运营。用户运营的一个主要目的就是帮助用户积累成长经验。只有本着这个目的，你才可以让用户依赖你的知识。

我们先来看一位典型的知识付费用户，他的一天是怎样度过的。

小新早晨醒来后利用起床的时间听了罗辑思维的60秒语音推送，并快速浏览其推荐的某个读本。在前往公司的地铁中，用喜马拉雅FM听完一本关于时间管理的书。到公司后，忙完手头的工作后看看“在行一点”上喜欢的大V有没有回答新的问题，刷几块钱偷听一下。

中午下班，利用午休时间看看微信置顶的几个公众号都推了些什么干货，有些文章太长了来不及看，先收藏起来。

下午下班乘坐交通工具的途中听在得到App订阅的大V的语音，并且思考其中的新概念。回家后打开知乎和微博，在读书打卡群中看大家最近推荐哪些书，然后有时间再在知识星球浏览自己圈内的人都在讨论些什么。

晚上8点，小新打开自己订阅的某个付费课程的直播，开始听课。

睡前小新开始回忆这一天的收获，深感快慰。

事实上，大部分的年轻人都能在这个典型的用户身上看到自己的影子。这是一种非常上进的生活状态。

拒绝大道理，从实践案例出发

事实上，我们见过很多知识付费产品，这些产品往往让用户花了钱，却只学到一些道理，其他什么也没有学到。这样的知识付费产品就没有市场，而且也不会得到用户的认可。

图6-1 在行App中朱聚鹏的一对一知识技能

真正想要拢住用户，必须要拒绝大道理，从实践案例出发，以帮助用户积累成长经验为主。例如下面这个知识付费产品。

在行App上有一个职业技能人朱聚鹏。他在“职场发展”专栏中有一个板块，叫“写简历聊面试，给你一对一专业辅导”。在这个板块中，朱聚鹏有多个项目专题，分别是“侃侃创业公司招聘那点事”，“学生专属：写简历聊面试，一对一辅导”，“36个要素助你找到职业生涯的正确方向”，等等，见图6−1。

朱聚鹏的每个知识技能都拒绝大道理，从标题到内容，都是本着实践操作的原则，着实让用户学习到了真真正正的技巧。用户可以线上支付，线下约见面，一对一进行辅导。

例如“写简历聊面试，给你一对一专业辅导”这个知识付费产品。

朱聚鹏就从场景开始给用户进行指导，如下面这些场景，很多大学生一定遇见过：

父母非让我选择这个专业，其实我并不喜欢，未来不想干这个……

简历怎么写，完全不清楚，难道只能在淘宝上淘模板……

学校只要有面试我就去，去了又不知道怎么做……

好不容易拿到了两个Offer，室友拿到的比我的钱多，我又犹豫了……

以上只是部分场景，相信还有很多。

然后朱聚鹏从简历的写作出发分析，为什么有些简历可以一针见血，值得阅读；有些简历毫无逻辑，毫无目标。

因此，他在讲解中会呈现全部干货内容，让用户一目了然，便于学习。

接下来就是聊面试。很多大学生认为面试就是聊天，其实在朱聚鹏看来不尽然。

朱聚鹏认为面试是在一个特定场景下的聊天，除了人之外场景因素至关重要。公司会议室、星巴克、酒店……朱聚鹏会从多年经验积累下来的方法论出发，深入浅出地点出面试的技巧，包括撰写简历黄金6要素、自身优劣势分析AB法、职业发展变奏曲、OC心态变化法则，等等。

朱聚鹏的知识付费产品别具实操性，用户在学习之后犹如经历了千百场面试，增加了难得的经验。用户通过这些课程可以全面把握面试官和公司的需求，从而在面试中扬长避短，获得录取的机会。

胜在简单有效

知识付费的目的就应该是让用户攻克成长的焦虑。咪蒙在喜马拉雅FM上线知识付费产品“咪蒙教你月薪5万”时，曾经这样说：“三年后不加薪50%，就退款。”

换句话说，这些知识付费产品必须要以优质内容为基础，切实为用户的成长和学习着想。

不仅如此，各大知识付费平台也以筛选优质内容的“良币回归”逻辑为主提升内容的专业性。各大知识付费平台选择了PGC生产为主，学术或业界大腕儿为专业内容背书。如豆瓣时间邀请的白先勇、北岛、戴锦华，都是人文领域大家；得到大咖专栏“薛兆丰的北大经济学课”在2017年“双十一”前夕，订阅用户数也已突破20万。

针对用户对知识更为直接迫切的应用性需求和渴望积累经验的目的，很多知识创业者选择职场进阶、实际技能等方面讲解，不向用户兜售情怀，传授知识胜在简单有效。因为简单有效才能让用户快速阅读并且使用，这样才能鉴证他们是否积累了经验和成长，所以简单有效的知识付费产品值得推崇。

用户追求的是“快”和“省”，所以简单有效的知识付费必定符合用户的需求。当然，你的知识产品必须从内到外真真正正做到简单有效，而并非口头上的承诺。

潮流：紧跟潮流脚步，做知识付费的引导者

用户为什么会为你的知识付费？除了可以让他们积累成长经验之外，还有一种原因，那就是可以引导他们走在前沿。这个前沿指很多方面，例如职场前沿、技术前沿、时尚前沿等。所以，你的知识付费必须要符合潮流，紧跟时代潮流的脚步，做用户的引导者。

知识付费在内容方面要更符合时代的要求

互联网在很大程度上终结了大多数人眼中的“信息稀缺”，人们不再像过去那样，对书籍、报纸上的文字感到狂热，信息盈

余本身让大多数信息变得没有价值。而知识付费找到了一种展现的契机，那就是知识稀缺。这种知识稀缺的认知越来越引起人们的注意。

比别人拥有更多的知识已经不再是保有竞争力的主要方式了，比别人拥有更前沿、更深刻的认知，才是用户最关注的事情。知识付费通过将各行各业最优秀人才的经验和观点转化成对用户友好的语言和产品形态，为用户提供这些稀缺的东西。

所以，知识付费产品的内容要更符合时代发展的要求。

例如下面这两个知识付费公司。

2018年年初，新职业教育公司“三节课”获得数千万元人民币A轮融资，以及线上在家早教平台“小步亲子”也获得数百万美元Pre-A轮融资。

这两家公司不只是向用户交付某种特定的内容产品，而是在帮助他们获得过上美好生活的能力，为他们希望拥有的生活提供充足的支持型服务。网络上流行一句话：“你懂得那么多道理，却依然过不好这一生。”因此，这两家公司就从稀缺点出发，迎合人们的发展需求，真正呈现出让人们可以过上美好生活的内容。

“三节课”是一家职业教育公司，但是它与传统职业培训机构的不同在于，它的教学目的不是为了让用户通过某种考试、获得某项证书并依靠这些凭证换取面试机会。越来越多的用户意识到一个问题，那就是随着时代变化，考证求职导向和美好生活之间的关联越来越弱了。

如今的社会是一个看重能力的社会，再也不是单纯地看证书的年代。证书不代表可以让用户在岗位上获得回报和掌声。用户想在这些岗位上获得美好生活，得有能力做到这些新兴岗位需要他们做的。

所以，让用户具备获得美好生活的能力，是“三节课”在“新职业教育”语境下赋予自己产品最符合时代需求的意义。“三节课”强调作业完成率、看重作品集的产出、要求用户靠输出带动输入、依靠助教的深度投入来确保用户锻炼出新的能力。

“小步亲子”的做法也类似。在早教领域的做法上，“小步亲子”为父母在家早教的场景提供了指南、社群、答疑、早教材料等支持。

与自媒体传播早教知识不同，了解早教知识只是获得亲子互动美好体验的一个环节，而“小步亲子”了解到父母更希望拥有的是可以直接和孩子玩乐。

“小步亲子”做的是对于图文表达不清楚的早教游戏，提供视频指南；有些视频也不好表达的，提供分解动图；有些互动需要特定的音乐，小步亲子App产品中直接提供；有些宝宝会做出指南中没有预见的特殊反应，用户可以马上询问“小步亲子”专家获得帮助。在这个场景里，“小步亲子”需要做的是让家长获得高质量陪伴体验，帮助用户创造他们以前仅仅靠知道早教知识做不到的经历。

用户越来越不满足于“得到”，他们要从“做到”中才能获得自己需要的东西。而这些“做到”就是前沿潮流的能力，是可以引导用户获得核心竞争力、争夺头部资源的内容。

知识付费要注重精神艺术上的潮流追求

紧跟时代步伐的知识付费才能长久。可是用户喜欢什么呢？除了实用性的知识之外，我们还应该将更多时间放在用户的精神追求方面。随着人们物质生活的提高，越来越多的人，尤其是“80后”“90后”年轻人越来越多追求精神和艺术生活。他们不会再把钱只是花费在类似书本的知识方面，他们更多的是追求艺术熏陶和鉴赏。

因此，知识创业者需要注重精神艺术上的潮流追求，给用户打造一些精神境界追求的知识，这样的知识付费会越来越成为潮流和趋势。

例如“在行”中有一个行家叫赖玥汐，推出了一门艺术课，里面有多个服务，例如“逛逛北京的艺术区，聊聊时尚与艺术”“带你一起逛宋庄，淘艺术品”等。

图6-2 在行App行家赖玥汐的技术服务

行家赖玥汐，任可夫工作室运营总监，毕业于北京服装学院，拥有10年市场、时尚、艺术从业经验，曾担任北京大石馆艺术中心艺术总监，筹备北京大石馆的开馆工作，规划并筹备北京大石馆的艺术展览工作。

她擅长为品牌或者产品的推广制定有效的推广方案，最重要的是了解客户的基本状况及实际需求，充分地沟通，建立良好的合作机制。

赖玥汐的在行服务已经成功获得了部分用户的喜爱，并且随着人们对艺术的精神追求，越来越多的人会把钱花费在艺术熏陶上。

烧脑：不要披着“知识”外衣做“弱智知识”

烧脑，燃烧脑细胞的意思。换句话说，是指做需要动脑筋才可以弄明白的一些事情。在知识付费时代，作为知识创业者必须要明确一件事，不能输出“弱智知识”，即用户不需要动脑子就能懂的知识。

用户付费之后，心理上是希望得到真正有价值和有趣的内容，这些内容必须要让用户觉得付费是值得的。就像花钱去电影院看一场电影，如果这个电影看完觉得毫无深度和意义，用户自然会觉得电影票的钱相当于白花。如果这个电影非常“烧脑”，十分过瘾，这个票就买得非常值。

因此，知识创业者必须抛除“知识”外衣的“弱智知识”，输出真正烧脑有深度的知识产品。

知识产品需要一个有深度的框架

何为烧脑的知识产品？首先是要有深度。这个深度必须要在逻辑上清晰，需要一个框架。让用户一看就知道这个知识非常有体系，有连贯性，是需要动脑和分解才能理解的。

例如在得到App的精品课中，汤君健老师的“有效提升你的职场说服力”就是这样的“烧脑”知识产品。

汤君健具有12年人才培养的高管经验，曾任宝洁全国零售渠道销售总监，也是一味创业企业的创始合伙人。

汤君健推出的这个知识一共有6课时。分别是：

【试听】为什么你需要学习“职场说服”

(1) 职场说服的核心思路；

(2) 如何有效陈述一个主张；

(3) 被拒绝后如何扭转局面；

(4) 开会时的说服技巧；

(5) 说服上级的注意事项。

其中第一个【试听】是试听板块，用户可以简单试听。从整体大纲上来看，汤君健给用户呈现了一个简单的逻辑架构，但是这个框架却很有深度，自成体系。用户学习之后，可以从只会“听话”到可以“影响”他人的转变。

况且，汤君健在该知识中，通过丰富的案例和典型的场景，分享了20多种职场说服的专业技巧，这些技巧均来自各国知名管理学家、演说家的学说和研究成果。不但专业，而且非常有深度，值得用户付费。

深层次、神秘的知识技能

事实表明，用户还很喜欢把钱花费在一些深层次且神秘的知识上，因为这些神秘的知识往往是真正烧脑的。用户学习到之后，会在圈子里有一种优越感。此外，有些用户本身就对这类知识感兴趣，但是无法形成体系学习。因此，在这方面有经验和技能的人，就可以输出知识，给这类用户提供便利。

例如在“在行一点”App的“小讲”中，有一个知识在短时间内获得了四千多人参加。那就是“摆脱以往魔咒，高效记忆第一课”（图6–3）。

图6-3 酷炫脑的小讲

仅从标题上就已经吸引了很多人的注意力。这个主讲者“酷炫脑”（网络用名）是美国耶鲁大学精神病学博士，香港大学精神医学博士，浙江大学心理学士，微博酷炫脑科学博主，并参与美国脑图谱连接组学计划。

酷炫脑从事脑科学研究多年，在国际知名期刊发表多篇研究文章，研究方向涉及用脑成像手段观测幻觉、精神分裂症、双向情感障碍、帕金森病等与精神、神经、衰老相关疾病。她还从事科普多年，曾为《科学画报》《南都周刊》等多家纸媒撰稿。自媒体微博“酷炫脑科学”大V博主，公众号“酷炫脑”博主。

这一系列的身份和技能让酷炫脑更加神秘。酷炫脑针对用户记忆问题展开了这个小讲。从脑科学角度为你解析记忆的形成机制与生理基础，教用户提高记忆力。

喜欢这个小讲的人，大致是三类人：

希望提高记忆力的人；

觉得记忆力大不如前、希望改善记忆力的人；

对大脑、记忆的秘密抱有兴趣的人。

为了更进一步看清楚酷炫脑的烧脑知识体系，我们看一下她的讲单。

（1）导语试听：记忆是如何形成的

为什么有些事情能一下就记住？

（2）关于记忆的小毛病与应对之策

刚要做的事情转眼就忘，怎么办？

脸盲症，你有吗？

其实，过目不忘也是病。

（3）增强记忆的懒人大法

在合适的时间背合适的东西。

记忆力是可以吃出来的。

（4）3招拥有超强记忆力

如何长效地记忆和学习？

记忆可视化：历史适合这样背

记忆联想化：单词就该这样背

（5）如何操纵你的记忆

伪造记忆：过去的美好不一定是真的

删除记忆：这样做就可以忘掉不开心

未来可能有哪些黑科技？

从讲单来看，酷炫脑的这个课程很有吸引力，而且充满层次感和神秘感，能让更多对记忆感兴趣的用户加入。这就是烧脑知识在知识付费产品中如此受欢迎的原因。

冷门的知识付费

热门的知识付费产品一般包括职场、学习、演说、健身、心理、历史、文化等。这些知识付费要么做得非常专业到位，要么非常有创意，否则一不小心就做成了“弱智知识”，谁都懂，谁都明白。

因此，如果你是一个初期的知识创业者，在考虑周全的情况下，可以做出选择。当然，你还可以选择走冷门路径，如图6-4中所列的领域。

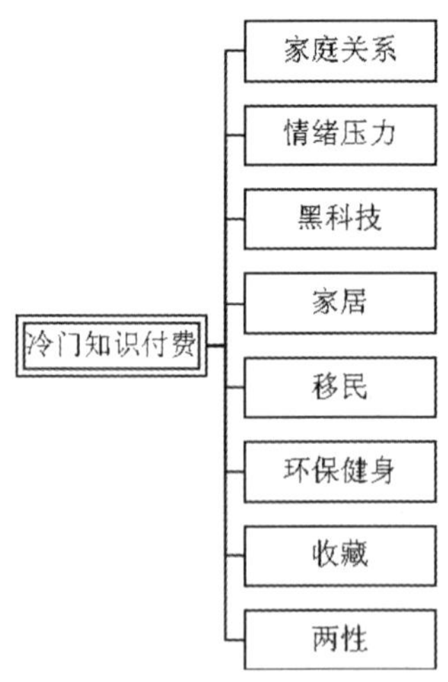

图6-4 冷门知识付费领域

冷门的知识付费虽然有一定的渠道和空隙，但是我们也务必要做得精致，否则又成了下一个“弱智冷门”知识。这要求知识创业者对冷门的知识有深度全面的把握，并且找对方向去做，才能吸引更多用户。

例如心理咨询师廖茜的一门知识付费课程“性格障碍：彻底改写埋设您的‘源代码’”。这门课程就从性格、心理、情绪这些冷门的知识领域中脱颖而出，并且从专业和技术角度深度剖析，给用户带去了烧脑的感觉。

专业：建立专业知识体系，形成系统化

专业领域的专业知识，对大众用户来讲，有些难以理解，但正是因为这样，它才值钱，才值得用户去思考和学习。

知识付费的兴起和现代人的浮躁、焦虑以及速成心理有很深的关系。在一个以效率和速度为标准的时代，很多人都想走一条“快车道”获得成功。那么他们应该如何选择呢？他们需要付费购买知识学习。这些知识一定是高效的、专业的、体系的，唯有这样才可以让他们实现高效率的工作。因此，知识创业者必须推出专业的知识内容，才能留住用户。

将知识点讲解透彻

2017年国内知识付费领域逐渐分化，知识付费正从起初很火的商业财经、技能培养等热门领域向更多、更丰富的细分领域扩展。很多人开始在各大知识付费平台进行提问，享受其中的乐趣。然而，在这其中也有一个问题：提问获得的答案并不满意。用户会遇到回答缺少深度，甚至存在错误信息，内容良莠不齐，甚至真假难辨等问题。

很多用户对付费知识的含金量表示质疑，因为有些付费得到的回答结果，在常用的搜索引擎中都可以免费搜索到；有些平台的知识会“牛头不对马嘴”，缺乏对提问个体的针对性。

这些问题终究是一个原因，那就是知识产出者没有把知识点讲解透彻，也就是不够专业，仅仅是给出了一个所谓的结果或者大道理。如此一来，用户就会产生困惑。

针对当前知识付费的缺点，知识创业者必须清楚这一点，在呈现知识时，注意把优质内容呈现出来。你的知识必须保证把点讲解透彻，这是基本，也是基础。

第一，知识付费需要祛除浮躁之气，以耐心和创新积淀出稀缺产品。

在这个方法中，知识创业者千万不能人云亦云，盲目追逐市场，推出火热话题。如果一定要这样做，必须从新的知识点出发，并且讲解透彻。最好给用户创新的稀缺知识，让用户在你这里另辟新径，获得新的见解。

第二，从细节出发，拒绝大道理。

很多人的知识付费产品，往往在标题上非常有新意，抓住了用户的心，用户也为此毫不犹豫地付费。但是整个课程用户听下来，却发现这些知识非常大众化、浅层化，覆盖面广，毫无深度，讲解也不够透彻，根本无法满足深度学习、获得知识沉淀的需求。这种情况必须杜绝。应该从细节出发，拒绝大道理，从细节的方法着手，手把手教用户融会贯通。这样的知识，才是用户喜欢的。

深入浅出

真正专业的知识付费产品，必须要让用户觉得有价值。这个价值体现在两方面：深入和浅出。

核心的知识必须要深入，抓住本质。

表现的形式一定要浅出，这样更容易和各种用户建立连接。

例如你要讲述如何具备说服力的课程。对于一些大道理要浅浅地呈现。真正投入精力、深度讲解的应该是具备说服力的技巧和方法。这些方法必须要具备三个要素：第一，实用性；第二，专业性；第三，简易。把这几点与说服力的技巧结合起来，然后深入讲解，通过举例、场景等方式来抓住技巧本质。

这样一来，你的说服力课程就会变得专业娴熟，用户学习后才能有真真正正的用处，而且加上场景和案例，可以让用户在现实场景中娴熟运用。用户得到了实际的好处，自然就会觉得你的知识非常有价值。

知识要权威化

想要让知识付费产品变得专业，必须具备权威化。也就是说，你的知识要有权威做背书。例如下面这个知识付费产品。

得到App中有一个“宁向东的清华管理学课”专栏。这个专栏的副标题是“大师就在你身后”。

这个专栏简介是这样写的：

> 管理，是让外在的人、事、物，尽在你的掌控之中。
>
> 小到每一天的时间分配、周边的人际关系怎么维护、大到一个项目怎么推进、一家公司怎么运营，都取决于一个人的资源管理能力。
>
> 管理学不只是管公司的学问，更是管资源的学问。对所有人来说，管理学都是必修课。
>
> 清华大学名师宁向东提纯了清华经管学院几门核心课程的精华，用浅白的语言，讲出深邃的思想。一年帮你学通经典管理学。

该订阅专栏的核心板块如下：

> 导论：管理与破局

模块1：人与行为

模块2：领导力

模块3：团队

模块4：指导下属

模块5：组织发展

模块6：文化与沟通

模块7：客户

模块8：战略

模块9：计划与变化

模块10：运作

模块11：业绩

模块12：激励

模块13：控制

模块14：转型变革

专栏作者宁向东本身就是一个非常权威的背书。

宁向东，清华大学经济管理学院教授、博士生导师，曾任清华大学公司治理研究中心主任，兼任潍柴动力、南方航空、中国石化销售公司等企业独立董事，为三星、华为等国内外企业提供顾问服务，担任中组部、国资委等部委培训项目的责任教授。

如果你订阅该专栏你会得到：

(1) 清华大学经管学院教授精心编著的14个知识模块，260个核心概念+图文课程+延伸阅读；

(2) 200余个管理学经典案例的复盘解析，看清企业成败背后的逻辑；

(3) 你所在公司、组织的运行法则，突破职场困局的解决方案；

(4) 为你，而不是为公司打造的管理学知识体系，实用、可迭代的管理方法论；

(5) 综合了心理学、脑科学、社会学当代研究成果的管理学前沿知识，了解世界管理精英的思考维度；

(6) 对周边事物抱有管理、经营的思维方式，增长见闻，加强对商业世界的理解。

从这几点来看，这个专栏内容不但权威而且知识板块成体系化，专业程度和实用性都非常高。因此，截至2018年5月，该专栏已有超过16万人订阅，每人订阅年费199元，也就是该知识付费已获利近3200万元。

原创：用心做好原创，切忌当搬运工

随着知识付费的大趋势发展，很多人纷纷走上了这个风口，却也出现了很多问题。

围绕知识付费的争议越来越多，比如批评内容严重同质化、水化、流量枯竭以及难以见到效果等，甚至有些人认为知识付费开始陷入僵局。

为什么会出现这些现象？最大的原因是知识产出者往往不用心做知识，而是为了眼前利益扮演“搬运工”这种不光彩的角色。看到别人的一个知识付费项目赚钱了，于是跟风，甚至抄袭、搬运人家的知识付费产品。

这样的做法虽然可以让知识创业者获得一定的利润，但这种盈利绝对不会持续长久，而且还可能会影响整个知识付费大市场的氛围。因此，想要在用户运营上走得更顺畅，务必拒绝这种行为，用心做好原创。

发表原创文章

很多知识付费平台开通文章打赏通道，例如豆瓣、简书、微博等。我们如果有自己的见解或者想法，就可以发表原创文章，然后获得赞赏。如果用户觉得你的文章有价值，就会打赏，或者付费阅读。如果他觉得你的文章是抄袭的，就会投诉你，或者给你负面评论。

发表原创文章，需要注意以下几点：

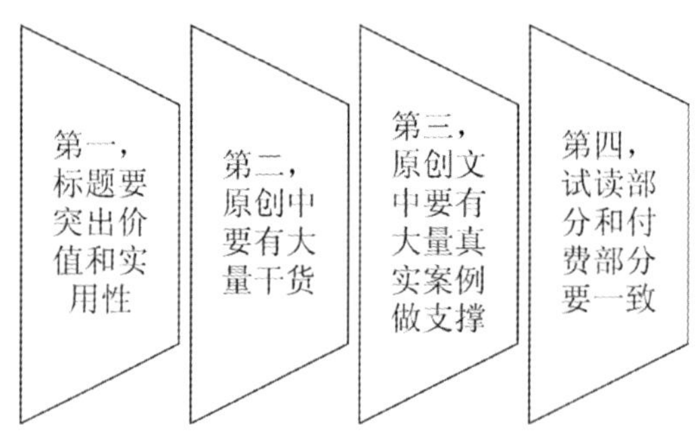

图6-5 发表原创文章需要注意的几点

第一，标题要突出价值和实用性。

一篇文章很重要的一个部分就是标题，你的标题如若恰恰符合用户的心理需求，他就会点击。如果你的文章标题一般，用户很可能错过。

所以，标题上要突出价值和实用性，给用户一目了然的感觉，这样用户才会有兴趣点击阅读。例如在简书中，有这样一篇文章非常受欢迎，标题是“如果你想靠写作赚钱，这10条经验教训请你收下”。

作者是“用时间酿酒”，这篇文章在短短一个多月的时间就获得了8万+阅读，并有很多人关注作者，给作者打赏。

这篇文章的标题就起得非常有趣，而且体现出了浓浓的实用性，着实符合用户阅读期待。

第二，原创中要有大量干货。

原创文章既然是一篇文章，就不要太多废话，一定要干货满满，给用户带去充实丰富的感觉，这样他才会觉得物有所值。在上述的这篇文章中，作者在短短的5000字中，给用户总结出了10条写作经验教训，每一条都非常实用。此外，作者还在文章中向用户分享了自己写作的步骤拆分，如“第一，确定选题；第二，制定框架；第三，寻找素材；第四，开始码字；第五，反复修改；第六，排版制图”。这些步骤和方法简单有效，是作者多年经验积累，所以更有说服性。

第三，原创文中要有大量真实案例做支撑。

无论是什么样的原创文章，都要拒绝空谈大道理，而要有案例做支撑，而且案例必须是真实可靠的。“用时间酿酒”的这篇关于写作的文章之所以受到8万人喜爱，是因为他在文章中列举了自己写作生涯中的真实案例，同时还用一些名人的案例做背书，可以说，这篇文章既充实又真实。

第四，试读部分和付费部分要一致。

很多人在写付费文章时，往往在试读部分下了很多精力和时间，在写法上、真实性上都非常用功，为的是吸引用户的关注和阅读。但是当用户试读完，支付了费用，继续阅读时，却发现付费阅读的内容毫无价值或者抄袭他人。这样的文章就会被用户放弃甚至投诉。

同一问题，从不同角度出发

为什么很多知识付费产品都存在同质化问题？是因为当大家在讨论一个问题，都在从一个角度出发去解决和讲解。实际上，这样的做法，本身就让自己的知识付费产品陷入了“同质化”的圈。

因此，想要让自己的知识付费体现出原创，就需要有不同。这个不同在于角度不同。针对同一问题的讲解，我们需要从不同角度出发，给用户带去不一样的感觉。这种不一样的感觉就是原创，就是新意。

当然，你的这个不同角度必须要科学、合理，而且有说服力。否则，用户付费见识了你的知识之后，即便是从不同角度，也难以有收获。所以，你必须要保持一个科学合理的价值观，在这个基础上，深入分析，给用户带去不一样的原创感。

如今关于“写作”的知识付费产品特别多，大都是给用户介绍一系列的方法，如何快速高效地写作，诸如此类。但是在在行一点App的小讲中有一个叫作“零基础学写作，如何迈出第一步？”的课程。

没错，这个知识付费针对的也是写作，但是角度却完全不同，作者从“迈出第一步”的角度开始讲解。

主讲人为用户量身定制出21天写作入门计划。只需3步，每天20分钟，用户就可以轻松开始自己的写作。

所以，尽管针对同一热门话题，但是不同角度的原创知识，可以获得更多用户的青睐。

体验：谁说知识付费不需要体验感

用户花钱为知识付费，以此来提升自己。在付出金钱的同时，还得到了一种充实自己的感觉

这就好比健身，很多人办理健身卡，刚开始频繁前往健身房，但是很快就不去了。再比如，我们在书城买了100本书，但是真正看完的只有10本。同理，在知识付费平台上，很多人购买了多个课程，但是真正看完的也许只有一个而已。这是为什么？

原因之一就是缺少体验感。

体验感做得好，用户复购率会很大。

用户的满意是大多数复购的基本前提。但是现在很多知识付费产品都会遇到这样一个问题：用户“买而不读”或者“根本消化不完”。

再者，知识付费是一个非标产品，这就导致用户的预期难以统一。这种情况下体验感就很难实现。这也是知识付费和线下教育培训的区别。通常教育培训都是应试培训，也就是有一个权威化的教案和考试，结果有衡量标准。

知识付费则不是为了阅读消化的满意，往往是购买一种瞬间的“仪式感”，是一种缓解焦虑、建立优越感的心理满足。既然如此，那么问题也来了。用户为什么要每次通过购买你的知识来满足这种“仪式感”呢？他们不会腻吗？事实上，想让用户不腻的方法只有一个，那就是做好知识付费的体验感。

你的知识需要给用户带去持续的需求场景

我们先来看一下当下很多知识付费存在的尴尬问题：用户“学完”的那一刻，也就是不再需要的时刻。

换句话说，用户购买了你的一次知识付费产品，学完了之后就不再有任何理由和需求来继续购买了。问题的关键在于你的知识付费能不能产生持续的需求场景。

想要做到这一点，你必须要把自己的知识付费产品嵌入用户的生活方式中，让他觉得这是自己生活的必备组成部分。

例如在在行一点App中，有一个叫陈楠NanC的摄影师开通了一个小讲，标题是“零基础变身朋友圈摄影高手”。

这个知识付费的体验感好在哪里？好在主讲人抓住了用户生活场景中的摄影需求。

主讲人在这个小讲的简介中，这样写道：

> 去了同样的地方，为什么别人手机里的照片比我拍的好看？试过N多种美图软件，怎么一直找不到操作简单效果好的？与其羡慕别人在朋友圈晒出美照，不如半小时学会专业级的拍摄技巧，配合简便的后期工具，你就能成为朋友圈的摄影师……
>
> 通过这次小讲，你将知道：如何用手机拍出吸引眼球的照片，众多美图App有哪些高级技巧，怎样让自己的朋友圈照片看起来舒适美观，懒癌和手残党如何一键调出风格明显的照片？

日常朋友圈的照片分享已经成为用户生活不可缺少的部分，主讲人抓住了这一点需求，在小讲中加入场景，给用户带去持续的场景需求。不仅是朋友圈，主讲人还会持续呈现更多场景下的摄影课程。这样的知识付费在体验上就很有持续感。

设立其他黏性手段

体验感还来源于用户的黏性。当用户对你的知识付费有了一定的黏性，他自然就会在你这里有很好的体验感。

要让用户觉得在你这里花钱学知识一定比转而从头开始学别人的，来得更方便。

这就是黏性。让用户对知识产品形成黏性的方法有三种。

第一，提供一些免费的知识给用户。

知识付费虽然是一个付费的过程，但是我们还需要给用户提供一些免费的知识，让用户觉得购买你的知识付费不但值而且有被重视感。例如很多知识付费课程会免费赠送教学光盘、知识大礼包等。

第二，与用户互动。

想要让用户形成黏性，还需要加入一些互动。包括两方面：其一，有些视频或者直播教学的知识创业者，可以在直播中直接与用户互动；其二，参与用户评论，与用户形成互动，汲取用户建议，与用户打成一片，拉近与用户的距离。

第三，形成自己的IP，让用户依赖。

想让用户对你的知识付费有依赖，必须要让用户对你形成依赖。你需要形成自己的IP品牌，让用户对你形成认同感，形成一种因为喜欢你，所以支持你的效果。

为用户解决一切疑问

真正良好的体验感，必须是从内在获得的。例如用户付费买了你的知识，想要获得一份真正的体验，如果在学习过程中遇到不明白的问题想要咨询，却发现问题发出半天都没有回应，这样的体验感就很差，用户不但会给予差评，而且也不会复购。

因此，知识创业者必须做好知识付费服务上的工作，为用户解决一切疑问，让用户遇到任何与你的产品有关的问题，你都能够及时回复并且帮其解决。这需要你做到以下两点，如图6-6所示。

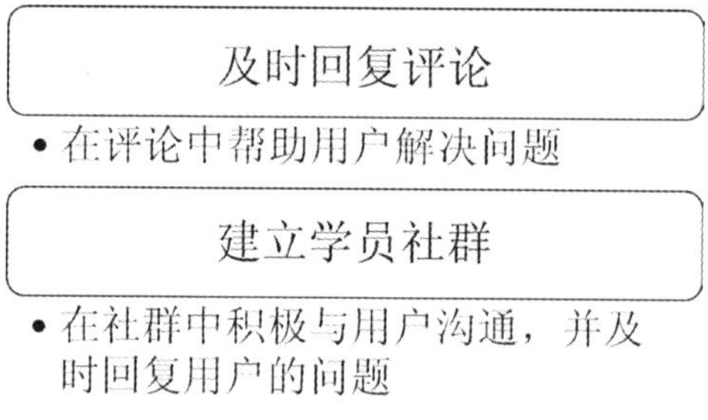

及时回复评论

- 在评论中帮助用户解决问题

建立学员社群

- 在社群中积极与用户沟通，并及时回复用户的问题

图6-6 做好知识付费服务工作需要做到两点

做到这两点之后，用户的知识付费体验就会很高，不但会复购，而且还会为你做一些无形的宣传和传播，让你的产品越做越好。

第七章

商业模式：知识付费的变现实战操作

知识的定义很广泛，包括专业知识、技能、生活经验等，并且不限于文字、图片、音频、视频等形式，具有很高的传播价值。知识经济时代，需要将知识包装成为产品，通过商业手段进行推销，实现最大程度的盈利变现。这就需要每一位创业者了解知识付费的商业模式。本章从多维度剖析知识变现的商业模式，并提出变现实战解决方案。

知识生产者费用抽成，是最直接的商业模式

知识付费的变现实操中，首先一点就是围绕生产者的商业模式。

整体上说，目前围绕知识生产者的商业模式基本是平台对知识服务的费用抽成形式。其中最重要的一种形式就是知识生产者费用抽成。在知识付费的流水中，知识生产者从中获取一定的平台运营费用，是最为直接的商业模式。

2016年12月，喜马拉雅FM举办的“123知识狂欢节”销量超5000万元。

知乎Live在上线一年时，举办了2900场Live，每位主讲人平均收入超过1万元。除了夺人眼球的知识付费头部玩家，其他各个细分领域下的知识付费产品也如雨后春笋般悄然而生。

多个知识付费平台都在努力探索适合自己走的知识付费模式。

然而，平台之间无论如何角逐，知识付费的各领域金字塔中间的KOL（意见领袖）将会是知识分享的主力军。同时，知识付费平台的内容与受众也展现出了差异化的特征。

知识付费作为一个互联网时代发展的风口，自然是大势所趋。知识生产者会越来越多跻身KOL系列，利用各种平台获取自己的费用抽成。

下面看一下喜马拉雅FM中知识生产者或者主讲人的抽

成分配。

以PGC＋UGC＋独家版权的形式，打造精品化的知识分享内容

截至2018年年初，喜马拉雅FM是国内最大的在线移动音频分享平台，拥有3.5亿用户，活跃用户日均收听时长为124分钟，平均每天9000万次播放。

喜马拉雅的内容生产由“PGC＋UGC＋独家版权”组成，平台上既有大量专业制作的版权内容，也有很多用户原创的内容。在喜马拉雅FM，人人都能做主播，这种模式也为平台积累了大量原创作品。

对于付费内容部分，喜马拉雅通过邀请优质的知识生产者，参与到受众定位、内容规划、体系设计、定价以及后期的市场推广等内容制造全环节，以保证付费内容的整体质量。

喜马拉雅的付费部分主要分为精品节目专栏、低价专区和分集购买内容三个部分。

其中，精品节目以知名人士主持的精品专栏为主，涵盖内容广泛，如商业投资、社交口才等，价格也最为昂贵。在精品节目方面，喜马拉雅主打的是“知识课程与知识节目”，即打造精品化的知识分享类节目专栏供用户订阅。例如，马东携手奇葩天团的“好好说话”节目，从沟通、说服、辩论、演说到谈判，教给用户一整套应付生活场景需求的话术。

低价专区的内容以生活中某一领域的技巧心得为主，例如理

财、养生等主持人多为平台孵化IP。

分集购买内容则包括相声、小说等内容，部分内容可单集购买。

下面看一下三个板块的知识生产者的抽成。

精品节目区：

> 用户购买方式：一次性订阅。
>
> 更新期数：100集～300集左右。
>
> 节目价格：99元～399元不等。

低价专区：

> 用户购买方式：一次性订阅。
>
> 更新期数：10期左右。
>
> 节目价格：9.9元、19.9元、29.9元等。

分集购买专区：

> 用户购买方式：部分用户可单集购买。
>
> 节目价格：0.1元～2元每集。

在盈利方式上，喜马拉雅和知识生产者达成合作关系，节目收益双方以5：5的比例抽成。

类似喜马拉雅FM这样的平台，知识生产者可以根据分类选择入住频道，平台会为其进行宣传，然后获得分成比例。这是很多具有不同层级知识生产者的最佳选择。

封闭式入住模式保障内容水准，双方合作打磨自营化知识产品

看了喜马拉雅FM平台中知识生产者的抽成模式，接下来再看一下得到平台中知识生产者的盈利变现模式。

得到创办于2015年11月，是罗辑思维团队推出的主打知识服务的App，通过订阅专栏、付费音频、电子书等方式为用户提供精品化的知识内容。

得到为用户提供经过筛选和打磨的自营化知识产品，主要包括三类付费音频：

大咖专栏、每天听本书和线下公开课。

其中，大咖专栏主打名人主讲的精品系列课程，由得到平台和入住名人共同策划制作，内容涵盖职场、理财、教育、艺术等多个领域，上线25个付费专栏，专栏订阅费每人每年199元。

每天听本书呈现的是各领域媒体人以音频形式对知名书籍的解读，价格为一本4.99元或一年365元。

线下公开课则由职场精英人士组织开设，讲授内容以实用性的职场技巧为主，价格较高，在1800元～3600元之间。

在抽成方面，得到通过邀请名人入住专栏主讲，制作高质量的专栏进行售卖，收入则由平台和主讲人双方分成。

例如，截至2017年6月15日，得到精品专栏订阅用户共计129.1万人次，以199元的订阅费用来计算，可得出得到的精品专栏收入情况大约在2.5亿元左右。首批入住得到的知名财经媒体人李翔推出了“李翔商业内参”专栏，定价199元，当天订阅数即达到1万人次，总销售额达200万元。而李翔本人也获得近百万的抽成。

以直播讲座的形式创造多样化知识

下面来看一下知乎Live中知识生产者的抽成模式。

作为知乎最核心的知识付费形式，知乎Live是以直播讲座的形式将知识分享给付费观众，内容涵盖生活方式、音乐、影视、游戏、体育、互联网、旅行等用户生活和工作的多个方面。

在形式上，知乎Live可划分为单场Live、Live课程（多课时）和Live专题。Live课程分期讲授，内容可根据Live参与者的需求设计和调整。Live专题则是由知乎的官方运营团队将已有的Live按照专题整理出的Live合辑。

知乎Live最鲜明的特征是以讲座的形式推出一对多互动问答。初期，知乎Live采取邀约模式，仅对社会知名人士和平台头部IP开放Live讲师权限，不过在2018年已经放低门槛至普通用户。

抽成盈利方面，从2017年5月1日起，知乎Live平台由完全免费转变为向主讲人收取Live分成，比例为30%。如果用户使用苹果手机支付，则苹果先收取30%提成，知乎在余下部分中再抽成30%。

举个例子，一位知识生产者在知乎Live获得了100万元的销量，知乎Live平台从中抽取30%，即30万元。知识生产者可以从中获取70%的抽成。如果用户是用苹果支付，会预先把30%的比例，即30万元分配给苹果公司。知乎Live和知识生产者再在剩余70万元的销量中各获得30%即21万元和70%即49万元的抽成收入。

大多数的知识付费平台都是通过这些模式来与知识生产者分享提成的。这种针对知识生产者的抽成模式也是最基本的知识付费变现操作。每个知识生产者需要找到适合自己的知识领域和平台，然后进行相关的变现。

将知识付费进行IP包装、营销及孵化

随着知识付费模式的兴起和发展，大量知识生产者涌入知识领域，并且逐渐产生头部效应。知识IP也就此诞生。

知识IP的效应到底有多强大？

2016年12月31日20：30，在各大卫视拼明星、搞噱头的综艺跨年晚会竞争中，深圳卫视另辟蹊径，推出由“罗辑思维”打造、“知识IP”罗振宇主持、长达4小时的知识分享型跨年演讲——时间的朋友2016。

该节目主要盘点的是在2016年发生的社会热点，并预测未来

经济发展趋势。当晚23：07，该节目的实时收视率为1.6867%，排名全国第一，这也是深圳卫视自1984年成立以来第一次拿到全国收视率第一的“桂冠”。

这足见知识IP力量的强大。随后，深圳卫视乘胜追击，联手罗辑思维旗下的得到App陆续推出“知识IP”系列电视节目，再次获得不俗反响。

在知识付费的模式中，还应该把知识付费进行IP包装，进行各种营销和孵化。下面是具体的操作模式。

把自己的知识产品包装成IP

IP是什么？IP＝品牌＋人＋粉丝＋话题＋……换句话说，你必须要具备人格魅力、影响力、号召力、粉丝力，等等。

如果你不是超级IP，只是一个普通的知识生产者，那么应该如何把自己的产品包装成为IP呢？

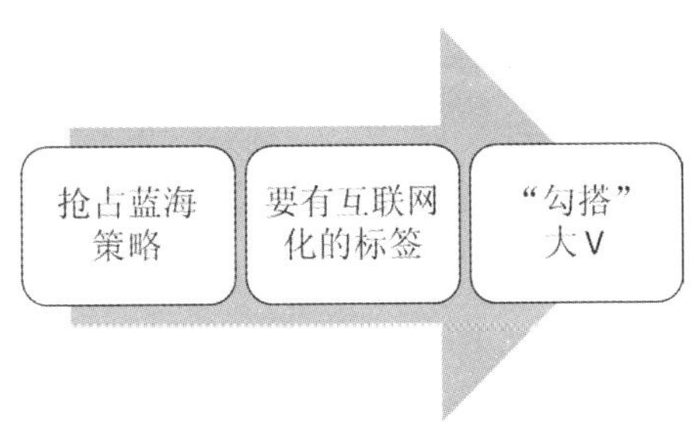

图7-1　如何把产品包装成IP

第一，抢占蓝海策略。

这个策略也就是差异化。意思是我们不要在大市场上和别人血拼，因为如果进入红海，恐怕会被直接淹死。

所以，我们必须要走差异化路线。在差异化的市场上也许还有生存的空间、崛起的机会，先在夹缝中生存，然后一枝独秀后再和别人拼杀大市场。很多逆袭的代表都是这样走出来的，如papi酱、摩拜单车。

第二，要有互联网化的标签。

你的知识在互联网上必须要有标签，而且必须要符合用户需求和痛点。用户的需求和痛点也是不断变化的，你需要跟随用户痛点加入互联网标签。例如“职场小白的逆袭”等，这类标签不但具有独特性，还能迅速传播。

第三，“勾搭”大V。

这是最快的方式。到真正的大V经常出没的地方，想尽一切办法“勾搭”他们，比如参加他的课程、加他的微信、写关于他的文章、@他、点赞……总之与之多接触。与多个超级大IP链接，慢慢你也就成为大IP了。

孵化更多系列产品

一旦你成为知识IP，或者你成为一个有影响力的知识生产者，你就可以孵化更多的系列产品，例如罗辑思维。

罗振宇后期不但推出了更多的知识产品，而且还推出了得到App，成为知识付费变现的平台。

你还可以继续孵化出更多的衍生品，例如线下活动、品牌活动、周边产品，等等，还可以与其他的IP联手，进行合作营销，实现更大程度上的变现。

再比如马东和其主持的《奇葩说》。在这个互联网时代，马东真正做到了让本身严肃的观点得到传播和沉淀，形成了知识泛娱乐化的方向。

随后，马东更是现身各大互联网论坛、新媒体，很快就成为新媒体的网络红人。他身上的“马季儿子”“前央视主持人”等标签也逐渐变成了“知识网红”“知识IP”。随后在他的带领下，更是孵化出了“好好说话”，进入喜马拉雅FM，成为受众热追的知识付费产品。

输出专业内容，积累影响力，吸引流量

超级知识IP吴晓波，可以说是一个典型的知识IP的化身。他将商业模式和媒介规律在自己身上运作得非常充分。吴晓波是学媒体出身，不仅将商业进程和投资理财领域的知识进行长期专业化、互联网化传播，同时懂得并且抓住不同媒体平台的特性，多渠道分发、积累影响力，实现成功变现。

此外，吴晓波投资的“小鹅通”也已经快速扫荡了诸多运营良好的自媒体大号，截至2017年年底，“吴晓波频道”公众号的付费订阅已经破2000万。

吴晓波的做法其实很实际。“吴晓波频道”不仅仅是一个有2000万中产阶级粉丝拥护的微信公众账号，而是以吴晓波这个IP

为核心，分发至微信、微博、视频网站、音频网站等各类型媒体矩阵的巨大媒体商业网络。这些符合各媒体平台机制的内容，都在同时往“吴晓波频道”输送流量，成为其知识变现的强大基础。

吴晓波的影响力是通过专业内容积累起来的，而不是知识付费的短暂泡沫现象。很多人十分渴望想要成为知识IP，于是在塑造个人价值的方法上表现得很表面，个人IP衍生产业的价值拓展也非常有限，往往会因为缺乏长久的生命力而无以为继。

因此，知识IP想要获得长久变现，离不开专业知识和影响力的积累，只有专业的内容才可以为你吸引更多流量。

迅速直接的一对一问答付费模式

对于每个个体的知识产出者来说，知识付费的变现模式中，比较迅速直接的就是一对一的问答付费模式。这也是围绕在线消费者的基本商业模式。

即时一对一问答包括文字与语音两种，例如在文字上，包括知乎和微博问答；语音类包括分答。当然，越来越多的平台同时包含这两种方式。

一对一问答的逻辑较为简单：用户付费向特定人员提问，知识生产者通过回答内容获得收益。

很明显，一对一问答的主要优势是迅速、直接、价格低，用户接受和使用起来比较容易。

选择合适自己的付费平台进行知识产出

知识产出者首先要选择好针对此类付费的平台。例如“在行一点”（原分答）就是一个典型。

2018年2月6日，分答在北京A33剧场召开“分答&在行”品牌升级发布会。姬十三宣布“分答”正式更名为“在行一点”，与“在行”成为并行品牌，并将利用在行的资源和优势，打造“行家孵化计划”。

“在行一点”主打语音问答付费模式，但是更新之后，在板块内容上更加突出，做的是包围式知识服务产品生态。

“在行一点”推出“问、讲、课、班”板块。

图7-2　“在行一点”四大板块

“问”脱胎于分答最早的“问”功能，即原有的付费语音问答，用户可以选择行家一对一快速语音咨询，解决自己在健康、法律等领域的小问题。同时，“问”的功能在很多场合下可能过于简单。当用户需要更加复杂知识模块的时候，就需要借助“讲”的功能才能解决问题。

“讲”是通过30分钟左右的时间来为用户提供一个锦囊妙计。很多常见生活、工作场景的问题，靠1分钟语音问答无法解决，所以“在行一点”推出30分钟帮你讲透1个实用的经验技能，即学即用，解决当时所需。

“课”帮助用户跟随顶级行家，在两到三个月或半年的时间里，利用碎片化时间，系统学习某个领域的知识和底层思维方法。

“班”级教学，用户可“拜师学艺”，与行家进行深度互动。行家会在这里每天为用户答疑、设置小任务，手把手带用户在1个月内达成1个小目标。而行家需要重新演绎内容，课程不断迭代，让用户每个周期的学习都比之前进步一点。解决“学院派的讲课方式不够接地气”的问题。

根据在行提供的数据，截至2018年4月底，在行共有两万多位行家，服务场景涵盖职场、教育、心理、人力、法律等70个垂直领域。“在行”和“在行一点”的用户规模达到200万，每天发生1000次线下约见。

在“问”的板块中，“在行一点”是非常专业的。知识产出者可以在这里与用户一对一互动回答。各种专业、垂直领域的知识产出者都可以在这里开设自己的问答通道，用户则在这里选择专家，付费提问问题获得解答。

例如大自然爱好者王昱珩在“在行一点”的“问”板块中排在热门专家中的头号位置。

图7-3 “在行一点”“问”排行榜

截至2018年5月初，有超过18万人参与收听王昱珩的问答。用户只需要花费99枚在行币就可以向王昱珩提问。对待王昱珩的回答，其他用户也可以花1枚在行币进行偷听。

因此，这对王昱珩来说是一种双向的收费。所以，这种迅速回答迅速收费的知识变现模式是很多知识产出者渴求的。

一对一问答付费的技巧

首先要特别注意的是，线上知识付费所指称的“知识”与经典意义上的知识定义略有差异，线上知识付费所提供和分享的知识主要指聚焦于某一垂直领域且在人们的一般经验中稀缺的具有高场景度、高操作性的知识。因此，你必须要在回答用户问题时，遵循以下几个主要类型：

第一，低频度使用的知识和内容。

对于这一点很好理解，即知识和内容被社会使用频度越高，其社会的供应量就越大，社会的普及程度就越高，稀缺性就越低。而某些新兴的领域，较少有人触及的专门领域，以及专门知识，其社会的供应量不多，社会的普及度较低，如果加上人们对这个领域、这类知识的兴趣和需求恰好在上升，这类知识就会成为人们愿意付费的对象。

因此，你在回答对方问题时，尽可能要从低频度使用的知识和内容点出发，给用户带去一种需求感和兴趣感。

第二，跨界度高的内容和知识。

当今世界越来越细分化，知识和知识之间的鸿沟也在日益扩大，有一种说法：今天连数学家和数学家之间都难以沟通了。可想而知，现代文明的发展，已然形成了一道又一道沟通的障碍。

然而人们面对的世界却是复杂多样的，因此，跨界的知识和能力便成为当下人们把握机遇把握现实的核心能力。能够提升人们这种能力的内容服务，当然有人愿意为它付费。

所以，你在回答对方问题时，也要从跨界的角度去回答。例如你的回答要让对方感觉非常全面，不仅在这一个区域上可以解决问题，还可以在多个领域解决，这样就能够获得用户的极大肯定。

第三，精粹度高的内容和知识。

你的回答还应该本着降低或减省人们获得知识的时间付出、精力付出以及增强人们理解力的原则。

在当下信息泛滥的时代，人们的工作效率关键在于获得和理解知识的能力的提升。因此，这类知识服务虽然形式上不具备稀缺性的特征，但是，当你以一种简约、有效、可理解的方式为他提供知识服务时，人们会对这种实用感产生依赖。

按照以上几点回答用户问题，用户不但能够得到帮助，而且还会依赖你，让你的知识付费变现变得更加顺畅。

当然，这也存在一系列的问题，如对提问者的提问能力要求需要较高；只能针对单一问题、资讯类问题，难以满足深度知识获取需求；优质回答作为优质内容的推广与付费提问用户的优先占有权之间的冲突等。

付费阅读/下载，长久稳定的知识收入

知识付费变现的模式中，还有一个被人们普遍接受的方式，那就是付费订阅模式。

付费订阅根据次数可细分为短期阅读和长期订阅。内容可以是文字，例如“李翔商业内参”，也可以是音频，如喜马拉雅FM的“好好说话”，还可以是视频，如网络云课堂提供的一系列付费网络视频课程。

付费阅读优势在于保证知识产出者能够长时间且稳定地投入优质内容的生产，并且根据人数获取稳定收益，同时用户也可以获得较为系统的学习。

分答曾经在上线短时间内引起订阅狂潮，罗辑思维的“得到”、果壳的“在行”订阅量也不断增加，这些行为都是知识付费市场背景最为贴切的表现。所有知识创业的人，知识变现都是梦寐以求的事情，也是大家生产内容的价值所在。

知识生产者应该如何抓住知识付费订阅的风口，需要修炼哪些“内功”呢?

用户沉淀时代到来，知识创业者不可一味依赖流量

在互联网时代，有一个不成文的规定：谁掌握了互联网时代的用户和流量，谁就能够在这场战役中获胜。因此，在互联网火热发展的时代，几乎所有的创业者都将流量和用户看作自身赖以生存的法宝，并以此来获得资本的关注，进而获得更加充足的发展力量。

流量至上的互联网时代来临，通过将流量尽可能多地聚集到自己名下，各种类型的创业者开始了商业模式实践的过程。然而，在知识创业阶段，很多人以为只要抓住了流量，只要迎合用户，输出一些能够引发用户共鸣的内容，并尽可能多地吸引用户进行关注，就可以获得最大利润。从本质上来讲，知识创业者有这样的逻辑并没有错，但是错误的是他们过度地迎合用户需求而

导致自我意识缺失。

一场唯用户至上的轰轰烈烈的流量运动可以维持一时，但是无法获得长足的发展，等到流量优势消失殆尽，知识创业者又要重新收拾自己的思路，重新上路。这等于是二次创业。

如今是用户沉淀时代，在用户沉淀的过程当中，筛选足够多的符合自身调性的用户成为在内容变现时代能否真正获得成功的关键。换句话说，知识产出者推出的付费内容必须要在迎合大众基本需求的基础上，突出自己的风格和特点，有自己的标签，这样的知识才可以沉淀，也才可以在更大程度上吸引用户关注并付费订阅。

内容沉淀才是根本

在兼顾用户偏好的基础上，知识产出者必须推出既是用户喜欢，又是用户愿意付费的内容，这成为决胜内容变现时代的关键因素。如果单纯地将内容变现的成败看作是用户沉淀的一种大趋势，就会忽略内容生产本身。依然按照流量时代的思维来进行内容生产，知识创业者们无疑会失去与流量巨头们分庭抗礼的机会。

另辟蹊径才能够在流量风行的时代得以生存。进入到用户沉淀时代以后，知识创业者的机会较之以前多了很多。知识产出者创造的内容必须有沉淀，可以让用户付费之后回味无穷。

除了内容沉淀之外，知识创业者们还应当借助新技术和新手段，将这些应用到内容生产过程当中，并以此来丰富内容生产的形式。将新技术、新手段的应用当成是内容沉淀的另外一种新的形式，在用户沉淀的同时，通过扩大内容生产的形式来实现拓展新用户的目的。

我们以BAT（百度、阿里巴巴、腾讯）互联网巨头为例，这些巨头很早就借助之前的用户积累，在流量时代获得了足够多的红利，而以分答、知乎、在行为代表的知识型平台只能从一个较小的领域切入，获得一些细分领域当中的用户。从某种意义上来讲，这些知识型平台在流量时代的日子并不好过。

随着用户沉淀、内容沉淀时代的到来，用户可以对细分领域深入了解并且学习，所以让知识付费平台获得了和巨头们抗衡的机会。而更多的知识产出者也在这个过程中获得了更多以知识为创业的养分。

推出可以让用户参与的知识订阅内容

想让用户付费订阅，你必须要让用户参与到你的知识产出中，而且这种参与一定是深度参与。用户深度参与可以让知识生产不再只是一厢情愿。传统的内容生产的主导者是知识生产者，这种内容生产方式导致的是海量的内容被推送到用户面前，即使用户不喜欢或不关注的内容，知识生产者都会主动推送过来。这种内容产生方式会造成资源的过度浪费而且让很多用户在接受内容时特别被动。

在知识付费新的时代背景下，用户深度参与的内容生产或许将会成为内容生产的主流。这种用户深度参与并不是指将用户囊括到内容生产的团队当中去，而是将用户提供的数据、创意、需求等通过大数据、新技术的手段进行提炼，通过提炼之后产生的结果来指导内容生产，让内容生产者更了解用户真正需求的同时，生产出用户真正喜欢的东西。

另外，通过分析用户的偏好，我们还可以对用户进行个性化内容的推送。

社群为主导的用户群是付费订阅的主力

以社群为主导的用户群体会成为未来内容付费订阅的重点。内容变现时代的一个最为突出的特点就是原本未经筛选的用户将会被一个又一个不同类型的用户组成的社群所取代。在这些不同类型的社群里，充满着不同偏好的用户。一个又一个的付费订阅的内容专栏或者栏目就是社群的另外一种表现形式，对这些社群生产内容，通过这些社群进行内容变现将会成为未来发展的常态。

社群除了可以对用户进行分类之外，还能丰富知识变现的形式，社群内的分享、推荐、演讲等内容都将会成为知识付费订阅的内容。随着社群发展的逐步深入，社群还会加入更多的新技术和新手段，在这样一种逻辑下，社群会超脱于现在社群的定义具有更多新的内涵与意义。

订阅知识需要连续更新，推出系列化

知识产出者通过上述一些方式，俘获了用户的心之后，接下来就要借助平台推出自己的内容，吸引用户订阅。

在这里有一个特别注意的点，那就是你的知识必须要保持持续更新，更新时间不能太频繁，但是要有规律，否则用户很容易放弃订阅。其次，你的知识要有体系，在逻辑上有一套体系设计，让用户付费订阅之后可以循序渐进得到收益。有了这些方法之后，你的知识将会为你带来更长久稳定的订阅付费收入。

知识二次销售或版权转让

知识付费围绕二次消费者的变现模式是把知识进行二次销售或者版权转让。其主要的操作模式是将一次生产的内容进行二次销售。例如分答的偷听功能和微博的微博问答，除一次消费者之外，用户还可以利用较低的费用来获得一对一咨询的答案。

更多优秀内容还可以通过版权转让的形式进行销售，例如出书或付费转载。这种方式类似于“笔记侠”的商业模式。很明显，这是在潜在用户与二次销售之间产生了一个新的环节：对内容进行筛选、整理和聚合。

对于知识的付费本身就带有一定的仪式感。

两千多年前，孔子招收弟子时，会进行一道最基本的程序：

初次见面的学生会将十条干肉作为学费送给孔子。

孔子所在的春秋战国时期进入官学衰废、私学兴起的阶段。西周末年，奴隶主贵族的官学已经形同虚设，昔日庄严神圣的官学出现了学生无心读书、整天游荡嬉戏的局面。奴隶主贵族垄断的“学在官府”日趋没落，孔子所在春秋时期连虚设的官学也几乎不存在。

对比今天，事实上也有类似的现象。今天的知识大爆炸同样让传统的教育出现了一些问题。例如一个人从启蒙到毕业的十几年，所学的知识在社会上并没有太大的实际用处。因此，很多人一边工作一边继续学习，只是这种学习成了一种独特的方式——利用互联网进行在线付费学习。

因此，现代知识付费意义重大。

随着知识付费的兴起，按照需求不同，知识付费其实也分成了不同种类，虽说现在的得到、喜马拉雅FM、知乎、分答、网易云课堂甚至是财新、钛媒体都算是内容付费领域的参与者，但是各家做的事情明显不一样，内容界限非常明晰。

“偷听”二次销售

用户想要学习更全面的知识，恐怕需要涉猎更广的平台，花费更多的钱。这时候，有一种“偷听”的模式兴起，那就是转卖知识。我可以把我在某个平台付费学到的内容在经作者授权的基础上进行二次销售。

例如“在行一点”中的情感专家涂磊。他作为一个知识产出者，接受很多人的付费问答，一个问题大多数是一百多枚在行币。也就是说，你想要请教涂磊一个问题，需要支付相同数量的在行币。这时候如果有相同问题的人就不需要支付相同数量的在行币请教，只需要支付一个在行币就可以偷听这个问题的解答。这就等于是二次销售。

用户版权转让

如果A在某知识付费平台花费199元买的知识付费产品，经过学习过之后认为这个内容非常有前景和市场，于是产生想要转让出去的想法。A就必须要经过知识产出者允许和同意之后，才可以进行转让。这就是所谓的版权转让。当然，知识产出者也会获得一部分的转让费。

知识转化成书

还有一种知识的版权转让方式，将自己的知识体系版权卖给出版方，然后出版方出书。如此，知识产出者和出版方会各占一部分利润收入。这种知识版权转让方式也是值得知识产出者借鉴的。

例如豆瓣时间中推出了“白先勇细说红楼梦”的付费语音之后，很快就将版权出售出去，出版了同名书，销售也非常不错。这种连贯性的知识收入，不但让主讲人白先勇获得了更多的利益和知名度，更让豆瓣时间这个平台火了一把，此外出版社也赚取了一部分利益。因此，这种方式成为很多有知名度的知识产出者的变现佳选。

当然，不仅是出书，还可以是出售影视版权，有声版权，推出各类的衍生品。通过这些方式，知识产出者会获得更多的额外收入。

像罗辑思维一样做付费社群

罗辑思维之所以能够在知识付费领域获得一席之地，最重要在于，罗辑思维把“付费社群”做得有声有色。

罗辑思维付费社群的变现模式是指用户付出一定的费用进入知识共享的社群。

付费社群的难度是建立用户信任，因此必须通过营销或者与其他知识生产方式相结合。例如线上授课转化为付费社群，用户在其中可以共享知识生产者提供的长期服务，一般以“微信群＋线下聚会”为主要模式，当然也存在独立的付费社群如“知识星球”中的知识社群。

组建打卡社群赚钱

付费社群为什么会如此火？罗振宇的罗辑思维、樊登的樊登读书会，等等，这些付费社群带动了一大批的知识产出者去做付费社群运营。

第一，用户对付费的意识越来越高，包括文章打赏等产品为付费做足了市场工作。

第二，手机支付手段变得越来越方便。

很多人发现了用户的这些行为习惯之后，就找到了其中蕴藏的商机，组建了很多“打卡社群”，呼吁大家每日打卡，养成好习惯，通过这种模式组建付费社群，自然会赚得盆满钵满。

如何通过组建打卡社群来赚钱呢？

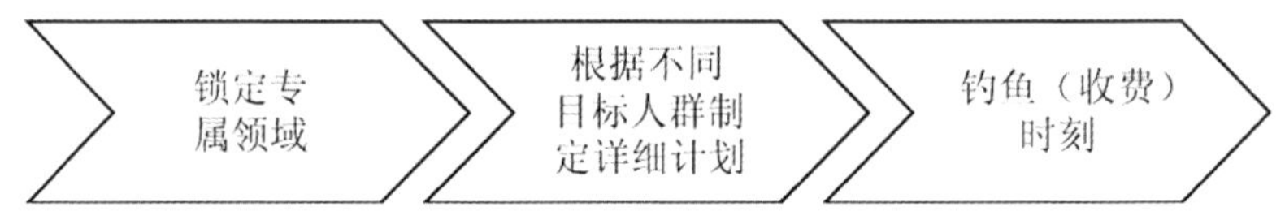

图7-4 组建打卡社群的方法

首先，锁定专属领域。如每天想要学习英语的人，想要减肥的人，想要成为作家的人，等等，他们将是你的目标人群。

其次，根据不同目标人群制定详细计划。锁定人群之后，你需要先做一些准备工作——针对不同目标人群制定一个详细的培养计划，收集一些有价值的干货，或者是一些学习资料。

试图让你的资料信息变得更有价值、更吸引人，因为这些将会成为吸引用户的诱饵。当然，不要忘记在你的资料里留下你要组建一个能够帮大家解决某些问题的打卡社群的消息。

最后，钓鱼（收费）时刻。你开始设置收费标准，如在这个群里你给大家定的目标是要坚持一年，学习英语口语，那么会费可以设置为365元（即每天一元）。还可以设置一些规则吸引用户，例如每个成员每天必须上交一份作业，完成后可获得一部分奖励金，具体的金额你可以根据实际情况来设定。

另外，作为群主，也要经常活跃群里的气氛，还可以让大家互相交流学习，这样能够巩固社群关系，以便你更好地运营这些社群。

在这个过程中，总有很多人会因为复杂的原因无法完成每日任务，或者无法坚持，那么他们无法赚取到的奖励金就会成为你的收入部分。积少成多也是一笔不小的收入。

当然，不仅如此。当你建立的打卡社群成熟稳定之后，你还可以组织一些关于知识的培训课程，这个课程需要单独收费，也能让你有一笔丰厚的收入。

不过你需要牢记一点，你的这些打卡社群是能够帮助成员养成好习惯的，不能让别人觉得你是为了赚钱才做这些事情的。大家要互利互惠，打造一个双赢的局面。这样用户才会心甘情愿把钱交给你。

付费社群变现之单强输出

所谓单强输出，意思是由一位或几位在某一领域有优势的人建立一个社群，进行该领域的分享或者探讨，在群里输出有价值的干货。可以说支付宝的大部分经费群都属于这个类型，发起人决定群的形态和方式，参与者付费并期待一种回报。对于发起人来说，入群价格是一种变现方式，也是一种筛选方式。

付费社群会形成一道分水岭，把付费用户和免费用户隔离开，这就好比过去习武之人，门内弟子和门外弟子的区别。对于门内弟子，师傅一般会倾囊相授，或者分享一些心得秘籍；而对于门外弟子，师傅则只是拿着统一标准的教科书，念着公关稿。

人们在付费社群付费学习知识，就像玩网络游戏买装备提升级别，天下没有免费的午餐，有价值的事物必须付出一定的成本。

此类精英付费社群最大的难点就是强度很高，很疲惫，知识发起人需要不断创作新内容，并且完成输出环节。

付费社群之身份标签

知识产出者如果有了一定的身份标签或者知名度，就可以开设自己的学员群，即参与者付费购买某一种身份标签，从而加入一个主题明确的社群。

在行的大部分行家都会开设自己的学员群，将已付费已约见的学员邀请至一个群组里，在里面产生更多的讨论和交流。因为参与者已经通过付费的方式明确了自己对该主题的兴趣，所以这种方法自然而然就过滤掉了伪需求的用户。

例如李倩，青山资本副总裁，她在“在行”上以价格高（见面价格每小时2000元）、客户评分高（9.7分以上）、接单高（至今见过150人）闻名。因其较高的知名度，她的身份标签十分明显，所以借助这种标签，开设了“李倩品牌营销训练营”微信社群。李倩在微信群的做法是用一周时间，每天分享一个小时营销知识，通过微信群的方式分享。

这个训练营已连续举办多期，第一期每人199元，第二期每人299元，第三期每人399元，每期参加人数都上千。这种方式为李倩赚足了名气和财富。

这种方式的运营强度不算难，需要发起人和参与者在讨论时处于平等地位，但是在专业领域下需要进行引导。

无论付费社群怎么做，都应该本着质量为先的原则，必须要让付过费的用户感觉到他花的钱值，否则你的社群只能在短时间内“敛财”，无法长久获利。

长线方针，实行线下产品转化

知识付费不仅仅在线上，还可以延伸到线下，实行长线方针，在线下实现产品转化。

知识付费需要灵活多变，与线下的传统行业结合，常见的有出版书籍、音像制品及线下讲座等，包括其他与知识内容相关的产品营销。

在这一点，看一下樊登读书会的做法。

打造线下代理直通变现

樊登读书会于2013年成立，走到2018年，樊登读书会的用户数量经历了指数式增长。

从刚开始的几十个微信群，发展到470万会员。更有意思的是樊登读书会在全国线下有2000家分店，遍布全球十几个国家的学习社群，市值估价高达50亿元。

这种增长速度在商业上有个专属名词叫“指数式增长”。

随着“移动互联网＋社群”的发展，樊登读书会将这些读书会连接起来，形成一个超级读书会，几百万人的读书会，每人每天贡献一元钱，一年就是几个亿的产值。

樊登读书会首先会发现哪些是用户的真实需求。接下来是思考如何能够将市场做大。樊登读书会利用了社群裂变，将用户串联起来，实现商业变现。

说起樊登读书会的社群与其他社群有什么不同，最大的不同就是线下代理体系。实际上，在互联网世界，人们争相都在去中间化，省掉中间的成本。

但是樊登偏要反其道而行，坚持用线下代理来推广读书会，为什么？

经过了解，我们发现，这些代理与樊登或樊登读书会的关系不一般。樊登读书会的代理们包括后来的书店加盟商基本都是樊登的粉丝。

刚开始，樊登建立第一个微信群，在微信群内给成员们讲课，愿意听的人付费进来，第一天进来500人，第一个群满了，第二天变成两个群。

就这样，樊登有了最初的“一千个铁杆粉丝”，这些粉丝基本都是线下听过他的课的，樊登读书会最早的一批代理商就是从这里面出来的。

樊登认为：“做内容付费，不能靠用户自觉，这样获取信任的成本太高了，应该靠朋友或者他人推荐。”而打造线下代理体系，就是跟核心用户捆绑在一起，让人去推人，使得获取信任的成本降低。

这些代理商跟樊登不仅仅是合作的关系，还有独特的情感和情怀在里面。

他们听过樊登的课，从中受益，认可樊登这个人，认可他的读书会，所以，这些代理商在向别人推荐的时候，更多是出于真心将自己的经验和感受分享。

此外，樊登读书会还在线下开设书店，充分利用线下资源和粉丝，实施长线变现政策，推出线下读书沙龙会、书店，进一步形成变现闭环。

打造线下O2O课堂

没有人规定知识付费一定是线上，也没有人规定知识付费一定是课本知识。所以，很多手工创意者、工匠大师、英语专家等纷纷通过互联网的方式，打通线上线下，在线上做推广宣传，线下开设课堂教学。这种方式也属于知识付费的O2O模式。

在行App走的就是这种知识付费的O2O模式，在行App中，用户可以寻找到各个知识领域的专家，然后线上付费，线下约见，一对一解决问题，这也是知识付费的一种产品转化方式。

此外，就算你不是在行App的专家，你也可以打造O2O的知识付费模式。青年作家安东尼就是这样的一个先锋者。

安东尼不但是作家，还是美食家、花艺培训工作室的创始人。借助知识付费的风口，他在微博开通了线上付费的花艺课程。用户在微博可以缴纳费用，然后选择两种方式进行学习：第一，通过直播视频学习；第二，线下在规定的时间参与花艺课程的培训，由安东尼和知名花艺大师亲自授课。

安东尼的花艺课堂详情如下。

图7-5 安东尼花艺课堂

教学主题：力求实用的花艺基本知识及技巧。

（1）每月2节课程，半年共12节课程。

（2）每次课程分享不同主题、不同风格和情境的花艺作品教学。

（3）课程由浅入深，通俗易懂。力求实用、有趣、别致。

（4）内容丰富，包含花艺的基本知识和基本技巧（例如认识和了解四季花材及其采购和养护，居家瓶插的技巧、花艺的固定技能、剪切技能和茎秆处理方法等），以及花艺的创作要点和设计原理（例如花材的选择、色彩的搭配、空间的运用等）。

价格：288元/半年（节日活动期间有优惠）。
用户开通并加入，即可付费参与，参与的用户会获得下列福利：

（1）每月2节，半年共12节的花艺视频课程。

（2）每月1篇，半年共12篇课程要点回顾（图文版）。

（3）每周分享插花作品以及tips。

（4）专属微博会员群：与安东尼和Natalie保持互动，也和所有订阅用户进行交流。

（5）作品点评：在微博上传根据课程内容完成制作的花艺作品图片并@安东尼，可获得安东尼或Natalie老师的专业点评。

（6）线下组织的花艺课程沙龙，安东尼和花艺专家亲自授课和点评。

事实上，在线下组织的花艺课堂上，参与人员还可以付费购买安东尼花艺培训工作室的纪念品、插花需要的工具、作品等。这些都是知识付费连带下的变现产品。这样的做法，灵活地实现了线下的各种变现，为知识产出者带来了更大的利润。

第八章

知识爆款：痛点＋极简＋权威＋圈层

知识付费浪潮席卷而来，如何打造爆款知识产品，成为众多创业者头疼的问题。犹如淘宝电商，想要杀出重围，必须要有一个爆款打响电商市场。在知识付费领域，如果你有了好的内容，可以考虑从需求痛点、极简化产品、权威背书和圈层等四方面来打造一款知识爆款，以便快速打响，占据头部市场。

内容头部化，唯有爆款知识才能实现最大化付费

知识变现已经越来越热，市场趋势化明显，想要获得竞争力，就需要推出“知识爆款”，这样才可以实现最大化的付费模式。就像众多知名品牌一样，每个品牌都有某一两个爆款，是这些爆款带动了整个品牌的发展甚至让品牌崛起。例如日本的马自达汽车，其中马自达6系列汽车就是其品牌中的爆款，该系列产品占据整个品牌销量的80%以上。再比如阿迪达斯运动鞋，其三叶草系列的贝壳头adicolor LO运动鞋，在超过20年的时间里，销量一直遥遥领先，深受消费者喜爱。

知识产品也是如此，唯有爆款产品才可以让你的知识付费做出名堂，做出品牌，实现收益的最大化。

例如北京大学国家发展研究院（前身中国经济研究中心）教授、北京大学法律经济学研究中心联席主任薛兆丰，他推出的“薛兆丰的北大经济学课”课程就是一个知识付费产品的爆款，被大量用户喜爱和追捧。

下面我们来整体分析一下，打造知识爆款需要符合哪几个条件。

爆款知识的内容一定是大众刚需的

一款好的知识付费产品，必然要求有好的销售数据，好的销售数据的基础就是要有足够大的用户基数。

这首先就需要通过数据、用户、市场调研来找到合适大众的内容点。可以通过网络数据的分析，比如百度指数、微信指数；同类知识付费市场的调研，同类产品分析；用户访谈和用户调研等方式，找到足够大众刚需的内容。

其次，需要精准定位。一款能够销售上千万的产品，必须建立在精准定位的基础之上。

人们最愿意为什么样的产品花钱埋单呢？如图8-1所示。

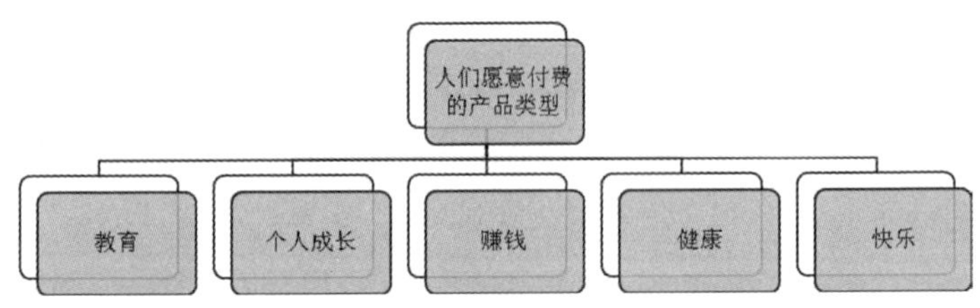

图8-1 人们愿意付费的产品类型

在这五项当中，如果我们再把它细化到具体的知识付费产品，主要又有八个门类（图8-2）。

图8-2 人们愿意付费的知识产品类型

如果你想要打造一款爆款产品，尽量在这些领域中选择。

当你选择好某个领域后，就需要聚焦成为这个领域的专家。这个过程你可能需要放弃一些其他的领域。

例如“今日知识”创始人黄一鸣曾在2013年—2016年间，推出“投资理财”在线直播课程，这个课程在4年时间总共销售了3500万元。

所以，只要你的知识产品符合下面三点需求就可以达到千万销量：

（1）人群足够多；

（2）人们有强烈的需求；

（3）刚好你能提供最高品质的知识付费产品。

内容价值具有不可替代性

爆款为什么成为爆款，要么是稀有，要么不可替代。所以，当你的知识有了大众刚需的内容方向后，还必须让知识付费产品的内容有不可替代性。

比如大家都在讲职场求职的知识产品，你想要在众多职场的知识付费中脱颖而出就需要做到不可替代性。例如你的主讲人是否很特别，是行业的大V、行业达人等。主讲人是否有独特的故事能够带动用户的消费，市场上是否找不到同类型的内容，或者这个知识付费产品有独特的附加价值，比如买课送线下咨询服务，等等。

作为知识产出者，如果你能定位在知识付费的某个细分领域，钻研5年，你一定会成为这个领域的专家，并在这个领域赚到很多钱。

知识产品要友好且充满高效

一个知识爆款产品，必须让用户以最低的使用成本获得足够好的体验。

比如根据不同的内容选择不同的产品形式，是音频、视频、图文还是直播等；内容长度和内容周期如何选择，是10分钟还是30分钟，是一年更新完毕还是一个月速成或者是系列内容，不同的内容有不一样的选择方式。

例如按照系列来做知识爆款产品。

我们可以通过××集（数字）的内容，在规定的时间把知识技能呈现完毕。这种形式的优点是只需把产品打磨好，生产出来即可长期销售，不需要每天更新，用户也可以学完即走。

如果选择系列课模式，下面是一个可行的模板。

可以设置3～10课时；每课3～6节；每节6～20分钟。然后做出的产品总共在12～30节。例如“今日知识付费商学院”推出的系列课程，总共分为6个模块：

（1）产品打造；

（2）销售文案；

（3）精准引流；

（4）成交套路；

（5）社群裂变；

（6）IP打造。

然后每个模块分为5～6节，比如产品打造模块，分为：

第一节：六大必备模块；

第二节：爆款产品定位；

第三节：爆款产品选题；

第四节：知识产品展现；

第五节：如何打造产品；

第六节：产品分销渠道。

按照这个思路去设计课程结构，就可以非常轻松地设计出一款知识付费产品。

知识产出者还可以根据自己的时间安排来选择按照年度订阅还是系列课程形式。

在这其中，还包括知识内容制作的精致程度，这些都会影响用户对于产品的体验。要尽量让你的产品符合现代人的学习需求。

爆款产品更要注重陪伴

知识付费产品的运营不能只是一次性的销售，更多的是让用户在内容中有所得。如果想要做好爆款，更要注重陪伴，给用户带去长久的陪伴才能让你的爆款长青。

在当前的知识付费中，有一种比较常用的陪伴方式就是利用打卡、签到等工具，提醒用户完成学习。

还有一种是建立线上的社区或者社群，让用户之间、用户与主讲人之间有持续的交流。同时知识产出者还应该关注的是知识付费产品的后向运营价值，比如举办一些线下活动，甚至是一些线下课程，利用线下活动给予用户更多的陪伴。对于知识付费产品的用户来说，陪伴或许是最好的动力。

知识爆款需要一个爆款标题

想要做爆款，必须在名字上打响第一炮。标题就像个人的外表，我们要达到的效果就是一看就想要。

知识产品的标题是整个产品的外表，想要让人一看就想要，标题一般要由三部分组成：塑造、主干、结果。

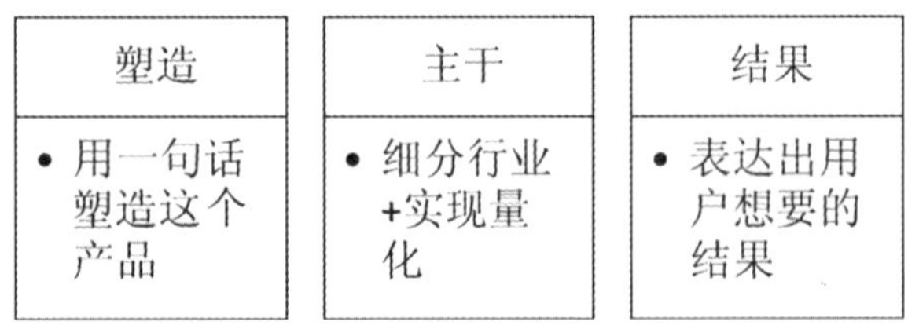

图8-3 知识爆款标题的三大组成部分

第一，塑造。用一句话，塑造这个产品。

下面是爆款模板：

清华教授教你……

哈佛博士教你……

世界冠军教你……

行业大咖教你……

世界首家……

第二，主干。细分行业＋实现量化。

如：

××××实战班；

××××速成；

××××强化班；

××××商学院。

第三，结果。表达出用户想要的结果。通过这个知识付费产品，用户能得到什么样的结果。

如：

30天拥有××××；

7天突破××××；

15天获得××××；

18天打造××××等等。

你知道哪类产品有“爆款相”

我们讲知识爆款，是的，没有人不想做出一个知识爆款，一炮打响市场，获得源源不断的收入。

但在这之前，我们不能盲目而行。需要知道哪类产品具有“爆款相”。知道了这些类别，你才能从中选择自己最擅长的那一个。

敲门砖产品

在这里，我们可以这样理解敲门砖产品，就是成为某个细分领域的标准，也是行业内的必读经典。换句话说，用户如果没有购买过这样的产品，都不好意思说。这也是知识产品的基础爆款。

例如“蒋勋细说红楼梦”俨然已经成为当代红学内的知名产品，这个知识爆款就是敲门砖产品，是红学知识付费产品中的必学经典。用户一提起关于《红楼梦》的知识付费产品，第一想起的就是它。

接下来，在这个基础上，豆瓣时间（知识付费平台）推出的“白先勇细说红楼梦”的知识付费产品，也成为豆瓣付费平台的爆款。这个产品就是在“蒋勋细说红楼梦”的基础之上推出的，也获得了大量良好口碑。

工具类产品

工具类的知识产品，往往会形成爆款。因为用户最愿意付款购买的就是简单精练且实用的工具。

成为某个细分领域实施操作的参照工具，例如百科全书模式。再比如“好好说话”这个知识付费产品就是爆款。在这个产品中列举了各种说话场景和问题。就算你付费购买，并没有认认真真、完完整整听完，但是一旦遇到问题，你还可以按图索骥去寻找答案和解决之法。

因此，知识产出者需要在工具类产品方面下大力气。

知名作家、网红咪蒙在喜马拉雅FM推出的知识付费课程“咪蒙教你月薪5万”就是很典型的例子。

首先，咪蒙就是一个招牌，每篇文章都在百万以上的阅读，这样的知名度让咪蒙完全可以在知识付费领域内脱颖而出。咪蒙之所以选择喜马拉雅FM，是因为她看到了喜马拉雅FM的前景。特别是2016年“奇葩说天团”与喜马拉雅FM合作的知识付费产品在很短时间内销售额过千万元，而在2017年的“123知识节”上，当天销售额突破5000万元，更让喜马拉雅FM成为知识付费风口的重要参与者。

其次，源于咪蒙助理黄小污的“月薪5万”的“梗”。咪蒙选择了职场这个细分领域，还有一个原因是咪蒙对“新女性”需求的洞察：有越来越多的年轻女性已经不再满足于价值观和情感上的共鸣，更加渴求自我实现的方法。因此，找到了共鸣之后，咪蒙在这个细分领域内展开了知识付费的探索。

为此，咪蒙下了很多功夫。为了突出“月薪5万”的工具，她对所有的课程都经过了反复的打磨，在课程中推出了众多实用且简单的操作方法和工具包。咪蒙还坚持亲自上阵配音。为了不让大家失望，咪蒙还请了专门的播音老师加以指导。

咪蒙以“咪蒙教你月薪5万”作为其知识付费产品的开端，希望在未来打造一个帮助女性成长的知识付费工具的平台，帮助更多的新女性实现自我价值。

社交圈产品

知识付费产品最好的引申就是回归到社交圈，用户和产品形成良好的闭环。就像长江商学院这样，付费课程是一方面，另外由企业家构成的人脉圈层才更引人注目。现在很多知识付费都在有意地进行圈子构造，目的是为了让圈子的社交价值变得更大。

社群类的知识付费应该要符合互联网的特点，而不是仅仅局限于某个圈子内。因此，知识产出者可以定期免费分享一些技术长文，包括在微信公众号、微博等中分享，前期主要打造影响力，后期再进行大范围的知识变现。

当进入收费阶段时，关于收费门槛，因人而异。有些可以定位几十元，也有些可以定位几百元。在这里主要有以下几点考虑：

第一，大数据领域（数据挖掘、数据产品属于热点）的目标人群很多都是刚刚毕业的学生，他们资金短缺，所以引导更多人正确去学习显得更加重要。

第二，圈子内很多付费的长文根据出版图书的价格来定，更加合理。

第三，如果定价太高，会在很大程度上出现内容搬迁抄袭等现象，从而不利于圈子口碑的传播。

知识产出者还可以对圈子的成员进行分类，针对各个不同级别用户的痛点进行分门别类地推送相应产品。这样更加精准，对知识爆款和社群的维护也有好处。

痛点：解决现实生活中的常见疑难往往更好卖

打造知识爆款，最重要也是最大的前提就是解决用户现实生活中的痛点。可以解决用户问题的知识往往更好卖。例如“好好说话”解决的就是具体场景中的说话问题。再比如各大英语在线课程和付费视频，解决的就是英语学习者的具体问题。包括咪蒙的“咪蒙教你月薪5万”解决的也是职场用户的问题。

下面我们以小鹅通平台中的“清单生活研究院”为例，看一下这个销售百万乃至千万的知识付费项目是如何做的。

解决用户消费决策的痛点

清单，是国内测评类自媒体公众号，具有百万粉丝。2017年

2月清单使用小鹅通开通了自己的知识店铺“清单生活研究院”。截至2018年年初，课程累计订阅量已经过万，其中“15款洗脸仪完全测评及选购指南”专栏超过3500人付费订阅。

测评，顾名思义，就是把市面上同类的几种或几十种商品进行统一地研究和测试，从不同维度进行评价。

例如，用户准备购买一款新的笔记本电脑，通常会在网页搜索一下机器型号的测试对比，对比之后才可以下决心购买哪一款。商品测评的本质就是为用户做出消费抉择，节省用户做出决策的成本。

也许你会说，关于电子产品测评的文章随处可见，而且都是免费的，为何还要花钱在你这里买“决策”。没错，清单就是可以把别人免费提供的内容变成付费产品来卖。且看它是怎么做的。

清单联合创始人龚瀛琦在和吴晓波交谈之后，受到启发，知识付费产品有没有市场，关键点在于有没有解决用户的痛点以及对知识内容的产品化。

于是她研究了自身的特点之后，决定把自身擅长的商品测评产品化，做成专栏售卖，为用户提供高附加值的消费决策服务。

选择好了用户的这个大痛点方向之后，接下来她开始根据两点选择最容易卖的商品测评。

（1）用户对某些商品的选购目的主要以功能为导向，可以根据实验结果提供相对独立和客观的参数比较；

（2）用户在选购时会比较慎重的客单价较高、购买率较大的商品。

基于这两点，清单选择了小型家电类商品进行测评，如电动牙刷、扫地机器人、洗脸仪等产品做测评。

于是，你就会有一个场景：当你花费了上万元买了一个高档的智能吸尘器时，你忽然发现有这样一个专业测评专栏，它已经把市面上所有主流的智能吸尘器全都评测了一番，而这个评测结果可以让你少花几千块冤枉钱，还能为你省去巨大的时间成本，那么购买测评专栏的行为就很容易产生了。

做好用户画像，进一步确定痛点顺序

在上述的分析之后，我们发现清单找到了用户的痛点方向。但是由于小家电种类很多，在顺序上到底是先开发智能吸尘器的测评专栏，还是先开发一款新的蓝牙耳机的测评专栏呢？

对此，清单是这样做的。

第一，根据用户画像来定。清单的公众号粉丝大都是有一定购买能力、追求生活品质的女性。为了让第一批测评专栏取得好的效果，首批上线的测评商品中，洗脸仪、导出仪、脱毛仪等女性常用的商品放在前面。

例如，清单在第一个课程中就打出一个知识爆款“15款洗脸仪完全测评及选购指南”。该课一上线就取得了预期效果，在短短一个月之内这个单价29.9元的课程就已销售出超过3500份。

第二，清单还依据时间、季节以及热点变化来定测评顺序。

例如某品牌刚刚推出无线充电器、蓝牙耳机等，清单立刻就推出追随热点的测评专栏。这些热点测评也成为当下用户付费的热门。

从这两点可以看出，当一个爆款的痛点大方向决定之后，为了能达到最佳的营销效果，需要灵活制定具体的知识产品推出顺序。

在知识爆款的营销上也要抓住用户痛点

《三联生活周刊》于2018年2月22日，联合为知识付费平台提供裂变营销服务的营销公司“运营深度精选”，发起在微信平台推广“三联中读”的营销活动。

活动中，消费者支付68元即可在线获得《三联生活周刊》过往10年的刊物内容，并将获赠名家知识分享、职场课程和成功学书籍等。会员入会后还将生成专属二维邀请码海报，若其他人通过该二维码成为会员，海报拥有者将获得34元返现，并可逐人累计。该活动引发读者广泛关注，仅一天时间购买App会员的人数超过54000人。

在知识付费火热的竞争格局下，为何《三联生活周刊》的知识付费产品可以吸引如此多用户？因为此次活动针对寻找用户痛点、产品设计方案和营销引爆时间等方面进行了推敲，并制定了详细的思维导图助力营销执行中的查漏补缺。

“运营深度精选”创始人鉴锋认为，寻找用户痛点和刚需最重要的是具备共情能力。为此，他和同事进入知识付费相关微信群展开了“潜伏”工作。通过长久的“潜伏”，针对用户日常讨论，进行总结提炼。

他发现返现成为很多用户自觉分销的原始动力。用户在传播时，微信支付会实时提醒用户收益到账，好比游戏闯关中得到的金币，及时反馈不断形成正向循环，激励用户多次分享海报。

课程更新周期也要追随用户痛点而定

很多人推出一个知识爆款之后，就趁势出击，不断“重播”或者趁热打铁，推出相关系列的产品。这种方法固然符合市场规律，但是如果不在乎用户的痛点和需求而盲目持续推广，恐怕最后适得其反。

十点课堂运营总监廖仕健表示，课程打造的另一诀窍，是在保证用户有足够时间去消化上一节课程的基础上尽快更新。

特别对于那些技能类课程，如PPT制作、职场提升等类型，这些产品往往是用户最大的痛点。他们希望能在尽量短的时间内学习以便及时运用，相应的课程更新周期就尽量缩短。

极简：知识付费产品必须“易于上手”

知识爆款还必须要符合一个特点：简单上手。换句话说，也就是极简主义。虽然学习向来不是一件容易事情，但是你的知识爆款产品必须要“易于上手”。这样，用户付费之后，学习起来才不会吃力，简单易学，让用户产生信任感。同时，还可以让用户有一种进步的成就感，这样会大大吸引用户购买。

那么，在打造爆款上，我们应该怎么做呢？

爆款产品必须短平快，不能耗时太长

当前的知识付费产品必须是由“内容＋服务”两大部分组成。付费知识产品，优质内容是内核，但真正提供给用户的主要还是服务，互联网也让服务变得容易。现在，大多数的知识产品从内容到服务呈现有三环：内核是优质内容；中间是行动机制（用行动机制促进用户自己的行动）；外环是互动社区（用户在其中进行相互互动）。

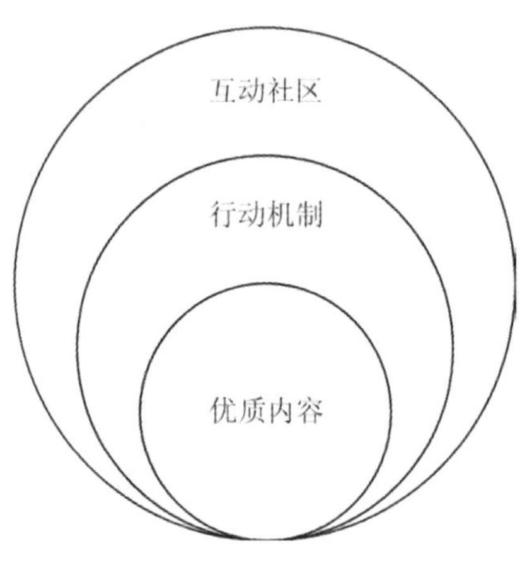

图8-4 知识产品三环形式

我们以“有书共读”（有书共读是一款移动读书服务类App）为例分别看下这三个环。

“有书共读”的目标是带领用户在一年里读完52本书，是典型的从内容到服务的产品结构。例如，它曾推出共读管理大师彼得·德鲁克的经典著作《卓有成效的管理者》。这个产品可谓是该平台的爆款。

“有书共读”每天早、晚，都会发布当日的领读文章、音频和当天的目标。

优质内容：有书团队自己完成的部分。它挑选图书、拆解图书、组织内容，邀请领读者，请专业主播录制音频。

行动机制：设计机制引导用户行动。它引导用户每天早、晚各花半个小时读书，读完之后用户可以在App中签到。用户跟着这个节奏，每周即可在短时间内读完一本，完成一篇读书笔记。

互动社区：促成用户之间的交流与连接、创造交流空间。在该App中，用户可以撰写学习笔记，都是针对某本书的具体章节。读者们还可以形成交流圈，互相交流读书心得。有些人甚至还会建立一些微信社群，在群中进行深度沟通。

如果你的知识付费产品让用户耗时太长，或者学习起来特别困难，那么用户很容易出现厌烦感，进而放弃。

爆款知识边生产、边发布

知识爆款如何形成极简？这还需要从爆款内容的生产来看。

边生产、边发布是一种非常有效的方式。

这是知识产品从互联网延续而来的基本属性。在知识付费热潮中，原来缓慢的内容生产方式已经无法匹配技术激发的野心，更无法满足用户的需求。现在，技术驱动的互联网和知识的结合一方面是以新形态重新生产原来的存量知识，另一方面也是以新方式生产新的增量知识。

当人们想要在短期内把这些增量知识、存量知识以新的形态生产出来时，边生产、边发布就成了唯一可行的选择。同时，这也能在第一时间给用户带去更爆款、更强劲的内容。

爆款知识需要通用性，强化参与感

爆款知识必须要简单上手，才能让用户形成批量的参与潮流。换句话说，与其追求内容的个性化，不如适当强化用户参与感。

内容产品越期望满足更多人的需求，越需要通用性。

对目前的付费爆款知识产品，我们需要精心打磨内容，让作为内核的内容具有通用性，能够满足多数人的需要，让更多用户可以简单理解和操作。个性化和通用性之间有着天然的冲突。对付费知识产品，我们建议不要过分地试图把作为内核的内容个性化，应努力把内容本身变得通用化，只有这样才能经得住各种场景的考验。也只有这样，才可以提升更多用户的参与感。

内容表现形式要通俗生动

主讲人在进行讲课时，如果全篇专业术语，就算你的技术含量很强，很难让用户产生共鸣，因为用户听不懂。

你必须要知道，用户之所以会购买你的付费产品，大多数是利用碎片化时间来进行学习，在碎片化时间内本身就缺少聚焦能力，时间也是片段化的，如果你的知识讲解过于生涩、抽象、专业，用户很难消化。

因此，主讲人必须要把爆款知识做得更加通俗易懂。无论你选择什么载体进行知识付费，都应该用通俗生动的语言和文字去表达。

主讲人对知识点最好进行分类排列，需要整体整理出来几个大模块，然后用“总—分—总”等形式来列举，这样可以让用户便于理解。

此外，还可以根据“金字塔理论”来架构知识。例如由上而下，或者由下而上，根据一个思路逻辑进行串联，用户在学习时不但有顺序，而且还能与其他知识点相互关联，加深印象。这样的知识爆款也是用户非常喜爱的。

同时，主讲人或者知识产出者还应该注重与用户的后期互动。任何简易的知识，也会有一些用户难以理解，或者用户也会有其他的想法和建议。这时，主讲人需要通过社群或者其他方式来与用户建立良好的沟通和互动，回答和解决用户的疑难问题。只有这样，才可以让用户对你的知识产品形成全面通透地理解，并且熟练运用。

权威：导入名人IP背书，销量会更好

知识爆款的打造往往还需要一个名人IP背书。换句话说，就是背靠大树好乘凉。当你的知识爆款出来之后，最重要的一点就是变现，变现的重点是销量。什么样的知识产品会销量暴增呢？有名人IP做号召力或者影响力的爆款一定卖得好。

无论是在行还是得到App，抑或是知乎Live、喜马拉雅FM都选择自带流量名人大V，如高晓松、马东、蔡康永等人，这些人本身就是流量的代言，自身的名人效应会吸引大批粉丝。

换句话说，知识爆款可以朝泛娱乐的方向发展。

借助名人标题来博得眼球

很多时候，我们就算有一身技能，也根据市场找到了爆款内容，但是却在销量上栽了跟头。这是为什么？因为我们的标题不够炫目，没有泛娱乐IP效能。所以我们必须要灵活多变，用名人效应来包装爆款标题。

例如下面这个案例。秋叶是秋叶PPT创始人，也是做得非常出色的知识付费大师。他有一个“合伙人”，是一个“90后”年轻人。这个年轻人平常跟着秋叶做一些线下讲座，或者在线上回

答一些网友问题，获得打赏。利用碎片时间回复用户的问题，用户如果觉得好，便会形成传播，带来更多的收益。

这位年轻人不但善于利用碎片化的时间来进行知识输出，更是借助“王思聪”打造了一个知识爆款，获得了大量收入。

看看他是怎么做的。

2016年王思聪入住分答，一个一分钟的提问需要3000元。这不但让分答获得了大量用户关注和注册，更让王思聪在短时间内获得了大量收入。很显然，“国民老公”的名人效应非同小可。但是有些人却比他更聪明。既没有名人背景，也没有全面才能，有的是眼光和时机，可以第一批吃到螃蟹。如秋叶的这个“徒弟”，他不但花费了3000元向王思聪提问题，而且还在分答做了一个知识付费的爆款产品。标题最为出彩——“我能回答向王思聪提问是怎样的体验”。

不得不说，这个方法太聪明了，这个问题也在第一时间被推向了分答的热门，成了分答粉丝付费的热门项目。当然，这种引用名人效应做标题推出知识爆款的做法也为这位年轻人赢得了不菲的收入。

各平台不同的KOL模式

想要在知识付费平台顺利进行名人效应的爆款销售，需要先明白不同平台的KOL模式。

若以电商喻之，喜马拉雅FM是天猫模式，知乎Live更接近淘宝，而得到则是京东精品店。下面详细分析知乎Live、得到、分答和喜马拉雅FM的商业模式。

（1）知乎Live：淘宝电商模式

知乎Live是知乎推出的实时问答互动产品，具有答主身份的广泛性和可自主创建Live、提供付费服务的便捷性，类似淘宝平台，所以称为“淘宝模式”。

运作方式为：一些KOL（意见领袖）入住平台，发起话题Live，设置简介、内容大纲、开始时间、参与票价；然后用户看到Live，感兴趣即支付服务；最后Live开始，语音直播，音图文互动。

因此，你需要在知乎Live中多观看KOL的答题方式，然后学习大咖的方式，“模仿”大咖展开名人效应的知识付费产品，这样销量会有所提升。

（2）得到：京东电商模式

得到是罗辑思维团队推出的专栏付费订阅App。因其付费专栏作品从KOL物色到专栏策划到作品售卖均由得到团队完成，与京东自营有相像之处，所以称为“京东模式”。

运作方式为：平台自己找意见领袖，自己策划专栏售卖，收入分成。这样的优点是不需要太依赖KOL，不用长期维护其活跃度，可重复售卖；缺点是用户与KOL的互动少，黏性偏差，使用频次不高。

所以，你可以在很大程度上依靠KOL来蹭人气，或者在标题中加入一些名人效应。同时，注重与用户的互动，这样可以让你的产品销售频次更高。

（3）喜马拉雅FM：天猫电商模式

喜马拉雅FM是一款听书软件，同时售卖音频知识课程与内容。

特点是：有较为成熟的系统性和连贯性，就像是跻身名家大课现场“偷偷蹭课”。作为节目，会专门突出主讲者的个人IP、打造“知识网红”，内容形式更加现场化、故事化、干货化和娱乐化。

因此，你可以在“蹭课”的过程中，突出自己的个性化知识特点，将爆款特色体现出来，可以运用场景化、故事化等包装你的爆款，让其变得更加高大上，吸引高端用户付费。

了解了平台的“名人效应”运作，你在这些平台中推出爆款时，就可以如鱼得水，应用自如，自然懂得如何才能更好地借助名人背书来推销自己的爆款。

圈层：得到“群体认同”的知识才能如病毒一般扩散

仅是围绕着权威和名人还不行，知识爆款还应该打通社群圈层的通道。换句话说，你的知识爆款需要周围的人都购买才可以。这样才能产生“群体认同”的信任力。在这方面，“罗胖”罗振宇就是很好的代表，他从早年的会员制到当下的知识付费群，积累了很多人群，而且每次的爆款一出来，都能得到病毒性的传播。

知识付费想要得到“群体认同”，获得圈层认可，必须要走高品质社群。高品质的社群会成为高品质内容输出与获取、粉丝深度交流、知识变现的工具。

社群对知识付费的价值

我们最常见的社群就是微信群、QQ群、微博群等。搞运营的小伙伴，都会被要求参与到社群运营中去，但是社群运营很复杂，社群也有它的生命周期，很多社群开始很活跃，后来就变成了广告群，最后变成了死群。

一个社群不单单是一群人的集合，社群还承载了这群人共同的需求、利益点、价值观等内容。因此，当你花费了时间和精力去运营了一个群之后，你的知识爆款就可以在这个群里击中成员的痛点。

你的知识爆款围绕的是用户，用户的痛点得到解决之后，自然会为你的群做贡献。这个贡献就是付费购买你的知识产品，并且形成一个无形的传播和宣传通道。

通过社群循序渐进分享自己的产品

想要在社群中销售自己的知识爆款，形成社群转化率，我们不能太急，心急吃不了热豆腐，我们需要懂得循序渐进的道理。

下面我们以“魔脉演讲”为例看一下，这个知识付费产品是如何利用社群来销售自己的知识付费产品的。魔脉是一家以演讲教育为核心的教育培训品牌，在知识付费的风口下，也快速加入其中。

“魔脉演讲”创始人铁军曾说：

“用知识付费成为流量入口，打造铁杆粉丝的真爱，汇聚一群有共同属性的人，从而完成更多的商业形态的变革，是这个时代赋予知识付费更大价值所在！

“任何一家优秀的公司必然会成为一家知识付费型的公司，也必然会成为一家媒体化传播性公司，因为这才是客户发展运营，深度挖掘，最有价值的存在形式，我们把它称之为社群！”

2017年11月29日19点，知名互联网自媒体“栗子公会”邀请铁军老师，为大家分享他的创业经历。而这个方式就是利用“栗子公会”的微信社群来进行。在这群中，铁军没有一开始就将自己的知识付费产品推广出去。而是先分享了一个“网红老师”的创业之路。没错，铁军走的是循序渐进的路线。

这个创业之路的分享包括三个方面：

第一，个人五次创业史，没有一步路白走；

第二，如何定位人群，设计课程，设计价格体系；

第三，干货经验和心得体会分享。

当用户十分积极地响应并且认可之后，铁军才慢慢地将自己的知识付费产品推出，因为有之前的铺垫，铁军老师的知识付费产品在该社群中很快就获得了大量的转化率，有80%以上的用户都选择付费购买。

像铁军这样的方式是属于“欲擒故纵”的推销方式。只有得到群体认同，做好前提铺垫，你的产品才有可能获得好的销量，甚至形成病毒式传播。

维护社群成员利益，养成互动习惯

知识爆款形成之后，可以利用社群进行病毒式传播，但前提必须要维护社群成员的利益。换句话就是我们要做好社群维护工作，千万不能企图一上来就在社群中获得知识爆款的大卖。

我们需要像“罗辑思维”那样养成维护社群、和成员互动的好习惯。

罗辑思维最大的价值，就是构建了一个顶级的微信社群。为此，逻辑思维从以下四个方面入手展开工作。

第一，选人。“罗辑思维”的用户主要是“85后”“90后”的“爱读书的人”，这群人有共同的价值观、爱好，热爱知识类产品；

第二，会员制。在社群中，成为会员需要交钱，分200元和1200元，确保会员能真正付出行动；

第三，培养习惯。“罗辑思维”会培养成员之间共同的习惯，可以进一步固化会员“自己人效应”。例如“罗辑思维”的创始人罗振宇固定每天早上6点发送语音消息，培养用户阅读习惯；

第四，加强线下互动。线下的互动更能激发人与人之间的联合，“罗辑思维”就曾举办过不少线下活动，比如“爱与抱抱”“霸王餐”游戏等。

通过这些活动很好地活跃了社群气氛，也让社群可以保持一种长久的新鲜感和活力，这对销售知识爆款产品有很大的助推作用。